I0705081

Julio M. Shiling

CHINA: EL MONSTRUO FABRICADO EN OCCIDENTE

DIVISIÓN EDITORIAL

Copyright ©Julio M. Shiling

Copyright ©Patria de Martí

Library of Congress Control Number: 2023904415

ISBN: 9798376180853

Primera edición: enero 2023

All rights reserved

Reservados todos los derechos. Ninguna parte de esta publicación puede ser reproducida, distribuida o transmitida en ninguna forma, por ninguna forma o medio, incluyendo: fotocopiado, grabación o cualquier otro método electrónico o mecánico, sin la autorización previa por escrito del autor, excepto en el caso de breves reseñas utilizadas en críticas literarias y ciertos usos no comerciales dispuestos por la Ley de derechos de autor

DIVISIÓN EDITORIAL PATRIA DE MARTÍ

Miami, Florida

www.patriademarti.com

info@patriademarti.com

Printed in the United States of America

DEL MISMO AUTOR

Dictaduras y sus paradigmas: ¿por qué algunas dictaduras se caen y otras no?

Democratización en Cuba: un manual conciso

11J, éxodos, embargo y Martí en Cuba

Espionaje, cómplices y otros instrumentos del castrismo

China: el monstruo fabricado en Occidente

Cosas que hay que saber sobre política

Excepcionalismo americano: credo, cultura y política

América Latina bajo el asedio socialista

Trump: candidatura, presidencia y persecución

La insurrección marxista en Estados Unidos

Las elecciones manipuladas de 2020: injustas y espurias

El régimen Biden-Obama: una vía fabiana al socialismo

Ucrania: una lucha por la libertad y la soberanía

Islamismo: enemigo de la libertad

DEDICATORIA

Por un Tíbet y una China libres

RECONOCIMIENTO

Este libro contó con la asistencia de Jose Tarano, productor técnico de Patria de Martí. Sin su ayuda, hubiera sido un camino difícil hasta su culminación.

CONTENIDO

Prefacio
CHINA: EL MONSTRUO FABRICADO EN OCCIDENTE

Los comunistas chinos tomaron el control de China en 1949. El líder del movimiento, Mao Tse-tung, proclamó el inicio de una maratón de cien años para lograr la hegemonía sobre el globo. Los continuos fracasos de la política socialista demostraron la incapacidad del régimen para confeccionar siquiera un sistema capaz de proporcionar lo estrictamente necesario a sus ciudadanos, y mucho menos alcanzar un estatus serio de potencia mundial. El Gran Salto Adelante, esa delirante campaña de colectivización llevada a cabo entre 1958 y 1962, se cobró aproximadamente entre 25 y 65 millones de vidas.

Algunos dentro de la estructura política del Partido Comunista Chino se dieron cuenta de que era necesaria una economía fuerte para la supervivencia del régimen, así como para completar el noble objetivo de convertirse en la primera superpotencia mundial. Deng Xiaoping formaba parte del grupo de cuadros del partido que introdujo, en la segunda mitad de la década de 1970, el "socialismo con características chinas". Esta adaptación renovada de la economía marxista y sus consiguientes relaciones sociales de producción se fusionó con un Estado leninista que incorporaba formulaciones de capitalismo de Estado, comercio global, instituciones de apoyo al mercado posteriores a la Segunda Guerra Mundial y mecanismos de acceso controlado a la propiedad. Esta versión mejorada de la Nueva Política Económica de Vladimir Lenin de 1921 estaba al servicio de los comunistas chinos, como lo estuvo de los bolcheviques.

El sistema comercial internacional ha permitido que un brutal régimen marxista crezca hasta alcanzar proporciones horrendas y amenace el orden democrático mundial. Este peligroso rumbo ha sido posible gracias a Occidente, en particular a Estados Unidos. El globalismo, con sus fundamentos socialistas fabianos, ha sido impregnado por China. Instituciones internacionales clave como las Naciones Unidas y sus corolarios están dominadas por apologistas del gigante comunista asiático.

Este libro contiene un surtido de escritos que tratan de explicar los entresijos del "modelo chino". La masacre de la Plaza de Tiananmén hizo oficial que una dictadura comunista puede coexistir con un sistema económico híbrido y no convertirse en una democracia. En otras palabras, la tiranía política marxista puede tener mecanismos capitalistas selectivos y no evolucionar hacia una sociedad libre con un gobierno republicano consensuado.

1. Revirtiendo el comunismo chino

Muchos en los medios de comunicación y los círculos académicos y empresariales han descrito la situación existente entre la República Popular China (China comunista) y los EE. UU. como la de una "guerra comercial". Esa lectura de los eventos está errada y ve sólo periféricamente la cuestión. Tal vez lo único cierto de esa interpretación yace en la noción de "guerra". Un examen más profundo nos revela que el problema es complejo y uno que comenzó hace setenta años con el establecimiento de la dictadura comunista en el país más poblado del mundo y se agravió a partir de la reformulación de su estrategia hegemónica en la década de los 1970's.

La administración de Donald J. Trump ha decretado, entre otras medidas seminales, la colocación de aranceles sobre productos chinos que alcanzarán una totalidad de $520 mil millones una vez que estén implementadas todas sus facetas. Esto representaría un impuesto a 97% de todos los productos chinos que pudieran entrar a los EE. UU. Adicionalmente, el presidente estadounidense ha puesto en aviso a las empresas norteamericanas operando en la nación comunista, que deberían de empezar a elaborar estrategias de salida. A simple vista esto parecería tener que ver con factores relegados exclusivamente al entorno económico. El hecho es que no es así. La economía es sólo una parte de la ecuación. Lo que se está formulando es un cambio de paradigma relacional entre los EE. UU. y el régimen dictatorial chino.

Ronald Reagan posiblemente el jefe ejecutivo norteamericano de mayor relevancia en el siglo XX, rompió con la política de Estado de su país establecida por la Doctrina Truman (nombrada por el presidente Harry Truman) de contener los propósitos subversivos de la URSS, en el intento de alcanzar la dominación global del socialismo, tras la conclusión de la Segunda Guerra Mundial. La Doctrina Reagan alteró el enfoque de la política de los EE. UU. dramáticamente, reemplazando el principio de contención, una norma defensiva, por el de la reversión que claramente es una estrategia de carácter ofensiva diseñada para retar contundentemente al imperio del mal y desde frentes diversos. La idea inequívoca era, nada menos que derribar el comunismo soviético. Se logró.

Trump está envuelto, como estuvo Reagan, en el desmantelamiento de una política de Estado que no ha rendido los dividendos que sus promotores nos prometieron y en la formulación integral de una nueva. En este caso se trata de China comunista y la tesis de la distensión ("Detente") iniciada por la administración de Richard Nixon en 1971, profundizada por casi todos los gobiernos estadounidenses sucesivos y en pie hasta enero de 2018. A cambio de un reconocimiento diplomático celoso que relegaría a la República de China (China nacionalista o mejor conocida hoy como Taiwán), un aliado histórico y confiable, al ostracismo y el entendimiento de que la premisa de la coexistencia sería consolidada con un ejército de inversores estadounidenses y europeos venideros, se selló el pacto.

La racionalización estadista kissingeriana (nombrada por Henry Kissinger) concluía que China se contagiaría con la inoculación de miles y miles de millones de dólares en inversión extranjera, el acceso a mercados, el traspaso masivo de tecnología y que, con la modernización alcanzada debido a este formulario, el "gigante dormido" llegaría a la democracia o al menos a un autoritarismo benigno que podría coexistir armónicamente con el mundo libre. Más de cuatro décadas después, la evidencia empírica nos demuestra que este ejercicio político puesto en marcha por los EE. UU. ha sido un fracaso rotundo, si juzgamos el resultado por su propósito expreso e implícito. Resultaron ser los chinos comunistas los que contagiaron a los capitalistas y a la clase política democrática del mundo con el virus de la complicidad y sus sociedades quedaron despojadas de una brújula moral capaz de apreciar a quién estaban fortaleciendo con sus compras y proximidad.

¿Cómo fue que China comunista se potenció?

A raíz de la política de acercamiento con los EE. UU. iniciada en los 1970's y secundada subsecuentemente por los países europeos democráticos, se puso en marcha la apertura hacia un acceso bastante abierto a sus mercados, industrias, tecnología, universidades, riqueza y, sobre todo, su soberanía y seguridad nacional. Todo esto se profundizó cuando el mundo libre le dio la entrada a China a la

Organización Mundial de Comercio en 2001. Lo que hemos visto ha sido la materialización de un literal "Plan Marshall" al régimen marxista chino a las expensas del orbe libre.

Entre1979 y 2015, las propias cifras de la dictadura china nos revelan, que los más de 838,000 proyectos extranjeros realizados a través de ese tiempo, han trasladado a China comunista la suma exorbitante de alrededor de $1.5 trillones en inversión directa. Gran parte de estas inversiones se hicieron a cambio de un proceso de desindustrialización de los países democráticos. Muchas de estas industrias producían artículos o piezas esenciales para sectores vitales de la seguridad nacional, particularmente, en el caso de los EE. UU. La práctica de desmontar industrias y entornos enteros de la economía ha tenido un impacto abismal para la clase media, específicamente, esos sin título universitario. El trastorno social ha sido dramático. El mercado laboral en el mundo libre se transformó y, consecuentemente, los mecanismos de distribución remunerativos de los empleos también. Puestos laborales antiguamente disponibles en los sectores industriales para personas sin formación universitaria, se convirtieron en esos del sector de servicios que pagan mucho menos.

La programación política del mundo libre después de la Segunda Guerra Mundial facilitó ese curso, sin duda, con el fin de ayudar a formar y consolidar regímenes democráticos. Esta política se sustentó en la teoría de la modernización, una postulación avanzada por el sociólogo estadounidense, Seymour Martin Lipset, que plantea que una vez que un país se moderniza o desarrolla, llega eventualmente a la democracia por la presión que llega a imponer la clase empresarial pujante sobre la clase política. Japón, Italia, Alemania, Corea del Sur y Taiwán son ejemplos del éxito de esa estrategia.

Hay que destacar que todos estos países, menos dos de ellos, ya constituían modelos democráticos. Corea del Sur y Taiwán formaban regímenes no-democráticos de corte autoritarios. Modelos autoritarios responden con receptividad a la premisa de la modernización por factores estructurales de éstos que siempre se mantuvieron en pie, a pesar de la presencia del despotismo en el entorno político. Al nunca dejar de existir la sociedad civil en Corea del Sur y Taiwán, la teoría aplicada de entrelazar comercialmente a países, potenciarlos tecnológicamente y así disparar el desarrollo, funcionó y viabilizó una transición del autoritarismo a la democracia. Por eso en cuanto a modelos no-democráticos de corte autoritarios, valga la redundancia, la teoría de la modernización es factible. Eso no es el caso, sin embargo, con regímenes totalitarios, ya que al no contar éstos con una sociedad civil, quedan descalificados de toda posibilidad de democratizarse a consecuencia de mejoramientos económicos y el desarrollo. Por eso una política de acercamiento y su acompañante entrelazamiento comercial promovido por la tesis política de la modernización, jamás podría haber producido una democracia del totalitarismo chino.

¿Qué es el "modelo chino"?

A raíz de la oportunidad que la coexistencia con los EE. UU. le extendió, el comunismo chino confeccionó un esquema que ellos llaman, socialismo con características chinas. Esto es, en efecto, un Estado leninista con plena subscripción informal, pero con fidelidad, a los preceptos del marxismo como es el materialismo histórico, contiene ajustes al entendimiento de la alienación, conlleva una reconsideración del papel de la propiedad no-estatal y las relaciones de producción (todos conceptos seminales del marxismo) y concretaron una economía mercantilista dirigida por el Partido Comunista Chino (PCCh) que abraza esos preceptos del marxismo reformulados (las "características chinas" de su socialismo). Adicionalmente, éste utiliza mecanismos del mercado, se adhiere a los cánones prácticos del globalismo, a la división de labor internacional y corteja la inversión extranjera, potencia a empresas de propiedad estatal que buscan el lucro (diferente a empresas públicas sin fines de lucro) e invierte de forma predatoria en el tablero mundial. Toda esta ordenación económica opera en acorde a una planificación acaudillada por el PPCh.

Algunos se refieren a esta composición como el "modelo chino". Esta variación de una economía socialista, aunque emplea dispositivos del mercado, está lejos de ser un modelo capitalista (o sistema libre de mercado), ya que carece totalmente de los ingredientes fundamentales del capitalismo como son el poseer un Estado de derecho y respetar los derechos de propiedad. Podríamos decir que las empresas de propiedad estatal chinas ("state-owned enterprises") operan dentro de un marco que se puede categorizar su actividad como la ejercitación de un capitalismo de Estado. Ese ejercicio, sin embargo, viola factores básicos del capitalismo y es una desnaturalización del concepto genuino del sistema libre de mercado. Estas distinciones sistémicas es algo que el mundo libre ha omitido de hacer y recién ahora es que estamos en presencia de una concienciación al respecto. Los chinos comunistas, con el apoyo tácito y amoral de un buen número de empresarios de las democracias del globo, han aportado a esa distorsión y campaña insidiosa de desinformar y ocultar su naturaleza.

¿Qué ha hecho China con su crecimiento económico?

Con una economía de $14 trillones (est. 2019) medido por su Producto Interno Bruto nominal (PIB), China comunista es hoy la segunda potencia económica del mundo. La lectura cambia cuando se le rinde peso al PIB del comunismo chino medido en base al número de habitantes, o sea, per cápita. Este es un modo más apropiado para intentar entender dónde realmente radica un país en esa escala mundial e incorpora factores de consideración cualitativos y de equidad. Al colocarla bajo la lupa del PIB per cápita, China comunista queda relegada al lugar número 67 del mundo (est. 2019). Ya cambia el panorama. ¿Cómo se explica esto? Simplemente concluir que es porque hay muchos chinos no encaja.

Es innegable que las alteraciones económicas profundas puesto en pie desde 1978 aliviaron la problemática de las hambrunas colosales que ha caracterizado al comunismo chino. Durante el periodo conocido como el Gran Salto

Adelante (1958-1962), una campaña forzosa de colectivización e industrialización delirante, se estima que entre 30 a 65 millones de personas murieron de hambre. Es cierto también que China ocupa el segundo lugar del mundo en cuanto al número de millonarios y billonarios (3,480,000 y 285 respectivamente en 2018 y muy detrás de los EE. UU.), todos por supuesto conectados al PCCh (nunca van a conocer a un comunista que llegó al poder y es pobre). Ciudades costeras chinas revelan una opulencia y avances que apreciamos en muchas del occidente. Sin embargo, la realidad de China no se despliega sólo en 5 o 6 ciudades. El interior del este país diverso, incluyendo al Tíbet ocupado, presenta un gran contraste. El estándar de vida material de la gran mayoría de los chinos continentales es sumamente inferior comparados, no sólo con la de los occidentales, sino también con esa de los propios chinos que viven en Taiwán, Hong Kong y el resto de la diáspora china.

El comunismo, medularmente, es globalista en el sentido ideológico y en relación con su cosmovisión. En el ámbito de la praxis, la dirección del movimiento comunista en su afán de la expansión, lo lleva a ser imperialista. Ese fue el caso de la Unión Soviética con el Comintern y sus equivalentes. Ese es el papel de Cuba comunista y su relación con las dictaduras y movimientos socialistas del hemisferio occidental que adquirió del Foro de Sao Paulo. China comunista, desde su fundación en 1949, también visualizó y puso en ejercicio una programación de expansión práctica que competía con la alternativa de la URSS. En otras palabras, el maoísmo le ofreció a los comunistas del mundo otra opción de entender el materialismo dialéctico y ejercitar la acción subversiva. La economía china y las penurias que producía, fueron siempre los frenos a un mayor activismo en el globo por su parte. La distensión con los EE. UU., las modificaciones económicas de Deng Xiaoping y las concesiones comerciales del occidente, cambió todo. El abultamiento de las arcas de PCCh galvanizó su guerra maoísta-comunista contra el mundo libre. Esta guerra a partir de la transformación de su maquinaria económica, sin embargo, sería llevada a cabo de una manera diferente a la que realizaron los soviéticos. Incluso, sería diferente a la que ellos mismos habían desempeñado.

¿Cómo ha realizado China su guerra asimétrica?

Los chinos comunistas, desde que llegaron al poder en 1949, abrazaron el papel otorgado por el entendimiento marxista de asistir a las leyes de historia en la lucha de clases internacionales. Un año después en 1950, el dictador Mao Tse-tung, confirmó su compromiso con el intento d globalizar el marxismo-leninismo y envió tropas invadiendo la península coreana que entraron en contacto bélico directo con las fuerzas armadas de los EE. UU. Los estadounidenses perdieron más de 36,000 hombres en la Guerra de Corea. Los soviéticos nunca alcanzaron niveles de combate directos, de esta proporción, con los norteamericanos. La guerra del comunismo chino contra el mundo libre, en otras palabas, no es un fenómeno nuevo y ha sido un constante en su política. La miseria material exhaustiva los llevó a la reconsideración, no sólo de su modelo económico, sino de su modo de ejecutar su guerra.

La fundamentación cultural china, a través de su historia milenaria, ha apuntado al apego por la racionalización de una metodología no-convencional para conllevar una guerra. Los líderes comunistas, desde Mao hasta el actual dictador Xi Jinping, no inventaron la idea de una guerra asimétrica o sea, una guerra no-convencional. Sun Tzu, general y estratega militar de la antigua China, en su obra connotada El arte de la guerra, nos relató el gran beneficio de conllevar una guerra por vía de la decepción. Clave a desarrollar esta estrategia es guerrear sin que tu enemigo se dé cuenta que estás en guerra contra él. Podemos decir que la política de distensión del occidente y las concesiones comerciales y el entrelazamiento subsiguiente, han servido como un escudo para disfrazar los propósitos subversivos de China roja y engañar a las democracias. Dos coroneles del titulado Ejército Popular de Liberación (FF AA de China comunista), Qiao Liang y Wang Xiangsui, plasmaron en un libro, La guerra irrestricta (1999), esa conceptualización conspirativa dentro de un marco moderno. La guerra asimétrica la han realizado desde cinco frentes diferentes: económico, cultural, inversor, diplomático y político/militar.

La ofensiva económica contra el occidente, que incluye el factor tecnológico e investigativo, representa uno de los frentes más exitosos de los comunistas chinos. Algunos de los terrenos más visibles incluyen el ciber espionaje realizado por Pekín a instituciones públicas y privadas. La Oficina del Director de la Inteligencia Nacional de los EE. UU. reporta que el 90% de los ataques cibernéticos en la nación norteamericana, son cometidos por China comunista. El saqueo de la propiedad intelectual es una industria galopante de los marxistas chinos y una que alimenta la generación de su riqueza.

El costo estimado del latrocinio organizado de la propiedad intelectual llevada a cabo por los comunistas chinos contra los EE. UU. es de, entre $250 a $600 mil millones al año. ¡Esto es espeluznante! Para una economía que depende tanto de la innovación, como es el caso norteamericano, este robo en masa representa un derrame colosal de su riqueza potencial. Otro método para hurtar secretos industriales y de innovación está latente en las reglas prácticas para poder hacer negocio en China continental. Nos referimos a la exigencia que se les hace a los empresarios extranjeros para que entreguen sus planos y diseños industriales a los anfitriones oficialistas con los que están en una relación de empresa mixta o de conjunto ("joint venture"). El entrar en estos acuerdos de "socio" con el régimen totalitario chino, es obligatorio para acceder a su mercado en ciertos sectores económicos. Lo que termine pasando es que esa información privilegiada obtenido es transferida a empresas de propiedad estatal chinas que copian y reproducen la innovación y terminan en competencia directa con el originario foráneo, que luego queda asfixiado, predeciblemente, del mercado e incapaz de seguir compitiendo.

El aceptar la colocación de oficiales del PCCh dentro de las juntas directivas de las empresas extranjeras que operan en

China, es otro requerimiento para poder hacer negocios en el país y otro método de saquear al occidente. Como no debe ser sorpresa para nadie, típicamente los que van a formar parte del cuerpo gerencial de estas empresas en capacitación de "observadores", son personas de los cuerpos de inteligencia. Esta práctica no es un invento chino. Desde la Nueva Política Económica de Vladimir Lenin, espías comunistas han operado imitando a gerentes asociados dentro de empresas foráneas. Detrás de esto no está sólo el intento de obtener secretos industriales y tecnológicos que, en muchos casos, tomaron años en desarrollar, sino de adueñarse de información privada de inversores y personas de influencia que pudieran utilizar.

Un mecanismo siniestro del frente económico de la guerra simétrica china es la manipulación del yuan (la unidad básica de la moneda china, el renminbi) y el papel que esta práctica juega en la campaña para desindustrializar el mundo libre. Aquí queda expuesta una tarea tramposa que rinde impotente a ciertos pilares de una economía libre de mercado al distorsionar la capacitación de fijar precios y determinar los costos reales de producción. Con esta tarea calculada de contaminar procedimientos naturales del mercado, Pekín ha logrado destruir sectores económicos estadounidenses enteros, particularmente en el área industrial, el de la producción de hardware de sistemas electrónicos/tecnológicos y el de los componentes para el desarrollo de la inteligencia artificial. No preocupados con absorber pérdidas a corto plazo, China comunista fija artificialmente el yuan para darles a sus productos una aventaja muy disparatada sobre los occidentales. Esto ha inducido a empresarios del mundo libre a abandonar determinadas fases de la producción a los chinos, estableciendo una relación de dependencia casi total de la maquinaria china. En efecto, lo que el comunismo chino ha logrado es establecer lo dominancia sobre sectores económicos, en algunos casos, hasta constituir su monopolización. Esto deja al occidente expuesto peligrosamente.

Huawei es un ejemplo de esto. Esta megaempresa es un brazo comercial del PCCh. Es la única empresa en el planeta capaz de producir, propiamente, todos los componentes necesarios para la tecnología 5G. Esta hazaña se ha logrado por la metodología planificada de ir despedazando la capacidad industrial de los EE. UU., quebrando industria por industria, sector por sector, al ofrecerles a empresarios estadounidenses alternativas más baratas de producción. Es importante notar que la tecnología 5G, no es un salto simple del 4G. El 5G es un sistema mucho más complejo con usos multifacéticos. Ningún batallón de MIG's soviéticos logró tanto daño a la capacitación industrial estadounidense.

China no sólo se ha concentrado en dominar la fabricación de mecanismos relacionado con lo electrónico. El mercado de la producción internacional de fentanilo, un narcótico sintético considerado 50 veces más potente que la heroína, también cuenta con el comunismo chino como su mayor fabricante. Considerando que en 2017 más estadounidenses murieron de una sobredosis de opioides, que todos los que fallecieron durante la Guerra de Vietnám y que la mayor parte de esa droga producida en China termina en los EE. UU., queda poco espacio para la neutralidad.

En el ámbito estratégico cultural, la guerra asimétrica china ha contado con una inversión cuantiosa de sus recursos en un intento de fabricar una imagen benigna y de blanquear crímenes de lesa humanidad y genocidio que cometen. El Instituto de la Política de Migración ("Migration Policy Institute") reporta que estudiantes chinos en los EE. UU. constituyen la tercera parte del total de estudiantes extranjeros. Como pagan matrículas completas, sin subsidios del gobierno estadounidense (federal o estatal), éstos aportan al sistema universitario norteamericano, según la Asociación de Educadores Internacional (NAFSA), un monto calculado en $13 mil millones anuales, sin tomar en cuenta todos los otros gastos asociados con una educación de nivel universitario. Adicionalmente, el régimen marxista chino dona contribuciones generosas a universidades estadounidenses, particularmente, esas de más alto prestigio. En 2014, la Universidad de Harvard recibió una donación por $350 millones, la cantidad más elevada hasta ese momento en su historia de más de 378 años, de una familia china. Esto es sólo un caso entre otros similares que abundan. China comunista, por el peso de su inversión estratégica en el sector universitario estadounidense, ha logrado que instituciones de formación académicas en los EE. UU., sirvan los propósitos penosos de censurar campañas críticas hacia Pekín.

En su afán de promover la contracultura y distorsionar lo que el occidente percibe, China comunista opera en el extranjero por una combinación de mecanismos que incluyen el uso de voceros extraoficiales compuestos por empresarios y políticos autóctonos ligados por intereses comerciales y exigidos por el régimen chino de dar testimonio a su favor como condición para seguir operando en China. Otro método es la gama amplia de organizaciones de pantalla que operan en el mundo libre e intentan fabricar y fomentar un entendimiento apócrifo de lo que es el comunismo chino, lo que ocurre en China y las intenciones de su régimen. Algunas de estas incluyen la Asociación de Estudiantes y Académicos Chinos. El Departamento de Trabajo del Frente Unido (DTFU), establecida durante la Guerra Civil China en 1942, es una rama directa del Comité Central del PPCh que se encarga de una parte extensa de esta red. Deng reestructuró el DTFU en 1979 para su aplicabilidad al formato metodológico nuevo.

El Instituto Confucio, es una de las organizaciones de pantalla más conocidas. En este caso, este organismo psuedo-cultural, tiene una presencia en seis continentes con un estimado de 500 centros y la proyección de alcanzar 1,000 para 2020, según fuentes dictatoriales. Bajo el auspicio falso de enseñar y promover el idioma y la cultura, este organismo específico, está bajo la dirección del Ministerio de Educación, sirva de base de reclutamiento y espionaje y está manejado por operativos de la inteligencia comunista china. En adición al cuerpo de cabilderos que sirven los intereses del Estado chino y las organizaciones de pantalla, existe una extensión impresionante de los medios de comunicación oficialistas en el occidente, como son Radio Internacional China y Televisión Central China, que brinda plataformas importantes para la diseminación de la propaganda.

China comunista ejerce un rol importante en el mundo como inversor con fines predatorio y propósitos de tener una predominancia global sobre las rutas del intercambio comercial. Por medio de una programación de infraestructura y desarrollo ambiciosa conocida como la Iniciativa de la Franja y la Ruta (IFR), China está extendida en 152 países sobre cinco continentes. La IFR tiene la meta de cumplir su cometido para 2049, en celebración de los 100 años del arribo del comunismo al poder. Posibilitando este intento de abarcar el control de las vías de comercio por el mar y la tierra de una parte extendida del mundo, está un esquema de financiación engorroso que privilegia al comunismo chino y que algunos lo han identificado como una forma predatoria de neocolonialismo. Pekín resiste divulgar la cantidad precisa de su inversión proyectada y la gastada. Estimados populares sobre el costo final del IFR, una vez completada, oscilan entre $1 a $8 trillones. El Banco Mundial señala la dificultad de apreciar el costo verdadero del proyecto, tomando en cuenta el secretismo de China, la incertidumbre de sus socios internacionales y la suposición incierta de que el comunismo chino siga teniendo los niveles de crecimiento que ha experimentado, fenómeno que podría disiparse con la nueva política estadounidense. El American Enterprise Institute calcula que hasta 2018, el dinero gastado en la IFR había llegado a $800 mil millones.

En su frente diplomático, el comunismo chino ha demostrado que su aplicación de la monopolización del concepto de nación como mecanismo para aislar e intentar de quebrar a su rival, China nacionalista (Taiwán), ocupa un lugar prioritario. La política de "una" China, la condición de que se reconozca diplomáticamente sólo a China continental, es la exigencia para intercambiar y acceder a su inversión extranjera, a sus créditos bancarios y a participar en la programación del IFR. La ocupación del Tíbet y la insistencia de los comunistas chinos en que este país es su "provincia", es la argumentación usada para la postura histérica de confrontar la acción de cualquier jefe de Estado que se quisiera reunir con el Dalai Lama, el líder espiritual de los tibetanos. Esto resulta, no sólo en una injerencia obscena, sino también busca desviar la atención de los crímenes crasos de genocidio que cometen en el Tíbet.

El ámbito político/militar es otro de las materializaciones de la guerra asimétrica china. Este frente se ha hecho mucho más visible en los tiempos recientes, por el éxito de la inteligencia del occidente, particularmente de los EE. UU. en penetrar redes y células de espionaje chino. Lamentablemente, desde la década de los 1990's hasta 2010, el espionaje y contraespionaje de China comunista pasó casi desapercibido debido a la campaña exitosa de la desinformación y la proyección errada de los norteamericanos acerca del comunismo chino. Como resultado, Pekín logró infligir golpes serios a la capacitación de inteligencia estadounidense. En 2010 se inició un curso de recuperación, por una serie de descubrimientos por parte de los EE. UU. Uno de los frutos para el despotismo chino de estas cuatro décadas de política de acercamiento y entrelazamiento comercial entre China-EEUU, ha sido el abultamiento del cuerpo de cabildeo en Washington, por parte de los marxistas chinos. Esto le ha dado un acceso embebedor al modelo democrático estadounidense.

El espionaje contra los EE. UU. ha tenido una capacitación multidimensional. En adición al saqueo de la propiedad intelectual, los formularios industriales, los patentes, los pormenores de armamentos sofisticados y los resultados de investigaciones científicas y tecnológicas, figuras de la élite política y empresarial norteamericana también han sido blancos. Tomando en cuenta que China es el hacker más grande contra los EE. UU. (90% de los ataques cibernéticos), es lógico suponer que semejante actividad colosal de piratería informática, le fuera a producir dividendos jugosos al comunismo chino. La información obtenida le proporciona datos claves sobre personas de alta relevancia, de estadísticas privadas y otros datos sobre campañas políticas, sus estrategias, puntos débiles y otros mecanismos utilizables y necesarios para interferir e intentar de influenciar el proceso electoral estadounidense.

La interferencia en procedimientos democráticos requiere la obtención de información acertada para entonces lanzar campañas de desinformación con más efectividad. La desinformación siempre ha sido un dispositivo seminal en la lucha del comunismo internacional por hegemonizar el mundo, irrelevante de su corriente, i. e., maoísta, trotskista, castrista, soviética, etc. Un caso reciente y en marcha de la injerencia china en la democracia estadounidense fueron las elecciones para el congreso de 2018 y la presidencial de 2020. Pekín, a la hora de aplicar sus aranceles contra los productores norteamericanos en 2018, seleccionó estratégicamente zonas geográficas que beneficiaron al presidente Trump. El 80% de los condados impactados por estos impuestos a la exportación por el régimen chino, fueron en esas demarcaciones administrativas políticas (condados) donde ganó el mandatario norteamericano en las elecciones de 2016. En otras palabras, los aranceles chinos tuvieron la intención clara de impactar las elecciones del congreso en 2018 y tienen el propósito obvió de tratar de alterar el resultado en las presidenciales de 2020.

Las acciones rusas para interferir en las elecciones estadounidenses de 2016, algo reprochable e injerencista que merecería medidas más contundentes contra el régimen de Putin, palidece comparados a las operaciones chinas a través de los años. Tanto en los medios de prensa como los sociales, el régimen chino ha sido un protagonista activo enfrascado en procedimientos extensos y encubiertos para influir sobre la opinión pública en los EE. UU. Un ejemplo reciente ha sido el hallazgo y cierre de 936 cuentas falsas y la suspensión de otras 200,000 por Twitter, al concluir que éstas eran operativos del Estado chino. Esto es sólo, como dice el refrán, la punta del iceberg.

El avance militar chino está a simple vista y no es un secreto. El presupuesto militar reconocido de China comunista es más alto que la suma total de la de todos los países asiáticos combinados. Sus bases, sobre todo las de espionaje satelitales, abundan en el mundo. Algunas operan a la luz del día. El mar de la China Meridional ha sido militarizado por los marxistas chinos, a pesar de repetidas promesas que esto no ocurriría. En América Latina, las bases de espionaje satelital y de comunicaciones con esos propósitos claros y de mayor relevancia están en Cuba (varias bases), Neuquén, Argentina (la más grande en el hemisferio occidental) y tienen proyectos en Panamá, Venezuela y El Salvador.

La inversión extraordinaria de los comunistas chinos en los sectores estratégicas, indica que tienen un gran apetito por los materiales ligados al uso bélico. Las "tierras raras", los 17 elementos químicos necesarios para la maquinación electrónica, están hoy monopolizados básicamente por Pekín, quien controla el 90% de la producción mundial. En el campo de la computación cuántica, ese modelo complejo de computación que emplea bits cuánticos y se desarrollaría hacia algoritmos nuevos partiendo de circuitos diferentes, China está en una competencia feroz con los EE. UU. Tomando en cuenta su éxito en la piratería de Estado, el mundo libre estaría actuando con una sensatez máxima si implementaran cursos para revertir los avances que el comunismo chino ha hecho.

Los beneficios que China ha sacado con el acercamiento y el entrelazamiento comercial con el mundo libre, particularmente con los EE. UU., ha sido beneficioso para ellos. Si el precio socioeconómico que ha pagado la nación estadounidense hubiera producido un aliado democrático, aunque fuera un competidor económico, se podría argumentar que tal vez valió la pena. Después de todo, Japón, Corea del Sur y Taiwán, son muestras de políticas donde el comercio, la inversión y el desarrollo subsiguiente han rendido frutos meritorios. China comunista, como hemos argumentado, ha producido un monstruo. Como la figura principal de la novela de Mary Shelly, Frankenstein (1818), este experimento se ha salido del molde de su conceptualización original hace 40 años y la hora ha llegado (y de sobra) para una reversión y un modelo nuevo. Esto es exactamente lo que busca hacer el gobierno de Trump.

Hacia un paradigma nuevo con China

El 2 de diciembre de 2016 murió en praxis la política doctrinal de "una China", esa norma oficial practicada desde 1979 que selló el acercamiento entre Washington y Pekín. En ese día Tsai Ing-wen, presidente de la República de China (Taiwán) conversó telefónicamente por más de diez minutos con el presidente electo Donald J. Trump. Ambos tenían razón para celebrar, ya que cada uno había ganado los escaños de la presidencia en 2016. Se felicitaron y se abrió la puerta para tener comunicaciones directas. El que sería el cuadragésimo quinto presidente estadounidense mes y medio después, rompió el patrón impuesto por el régimen marxista asiático e hizo algo más. No guardó discreción. Se lo dejó saber al mundo, publicando la noticia por vía de su cuenta de Twitter. El muro de prohibición que representaba el paradigma que definió las relaciones entre los EE. UU. y China comunista, sufrió ese día la primera rajadura en lo que apunta ser su aniquilación total. Al menos la destrucción de la relación, tal y como ha existido hasta reciente. Se ha dado comienzo a una política nueva e integradora que contiene un enfoque ideológico diferente y refleja un entendimiento sobre China comunista más radiográfico y preciso en cuanto a su naturaleza.

Donald J. Trump, desde hace algunas décadas, ha venido criticando la relación comercial entre las dos naciones. Uno de los temas más resonantes de su campaña presidencial de 2016, fue el de elevar los agravios sufrido por la sociedad norteamericana a raíz de su relación con China. La idea de remediar el déficit comercial y ajusticiar las trampas ejercidas por Pekín que dieron lugar al desmantelamiento de una parte importante de la base industrial norteamericana, sin duda, tuvo una gran receptividad en la clase media y obrera estadounidense, sobre todo esa, como hemos mencionado, sin formación universitaria. Sin embargo, la colocación del comunismo chino como la mayor amenaza a la seguridad nacional de los EE. UU., por parte de este gobierno, va universos más lejos que la esfera de la economía netamente.

La guerra de Reagan para derrocar a la URSS, tuvo un componente económico importante. De eso no hay duda. Regímenes dictatoriales, particularmente esos de corte comunista, urgen de grandes cuantías de capital para preservar el control social y político. El limitar su entrada de divisas, es una táctica ganadora. En ese sentido, los aranceles estadounidenses apuntados contra productos chinos, están golpeando y golpearán más aún con el pasar del tiempo. El Departamento del Tesoro acaba de emitir la noticia de que, hasta la fecha en agosto, los aranceles le han rendido a los EE. UU. la renta de $25 mil millones. Otro beneficio colateral extraordinario es que la línea de producción internacional se irá diversificando cada vez.

Estamos en el inicio de la desmonopolización global de ser China la factoría del mundo. Sin embargo, las intenciones de la administración Trump va a mayor distancia que la de una mera cuestión sobre economía. El Acuerdo EE. UU., México, Canadá, el pacto renegociado que reemplazará el antiguo Tratado de Libre Comercio de América del Norte (TLCAN) una vez que las legislaturas de los respectivos países lo ratifiquen, es un caso en punto.

El acuerdo nuevo de libre comercio (firmado, pero aún no ratificado) entre los tres países más grandes de América del Norte, contiene una cláusula que buscar extirpar a China comunista de las transacciones comerciales entre las tres naciones al condicionar que un alto por ciento de todas las piezas contenidas en los productos fabricados en EE. UU., México y Canadá, sean manufacturados mayoritariamente dentro del territorio de los tres firmantes y no importados de China. Este defecto inherente del defenestrado TLCAN, resultó ser una bonanza para el comunismo chino, quién se benefició de dicho tratado sin ser un firmante. Acuerdos similares que los EE. UU. pudiera firmar con la Unión Europea, Japón, Corea del Sur y otros socios económicos potentes, si fuese a contener cláusulas similares, lograría aislar a China. Trump y su círculo íntimo de asesores con adhesión al principio del nacionalismo económico, desde hace tiempo se dieron cuenta que China se aprovechó de la globalización para convertirse en uno de los mayores beneficiados del globalismo y su esquema internacionalista.

Tomado del manual de la Doctrina Reagan Trump entiende la importancia de fortalecer las fuerzas armadas. Primero para tener un cuerpo bélico que proteja al país, segundo a ninguno. Otro beneficio colateral de expandir el arsenal militar estadounidense, es que obliga al enemigo gastar recursos esenciales en tratar de minimizar la brecha que se va estableciendo. El comunismo siempre avanzó más en tiempos de "paz" y coexistencia con el mundo libre. Reagan incrementó el gasto público para abultar el cuerpo militar norteamericano, incluyendo el desarrollo de la Iniciativa de la Defensa Estratégica, ese escudo de misiles defensivo espacial. No es casualidad que Trump ha elevado el presupuesto de las FF AA de los EE. UU. a niveles no visto desde la era de Reagan. Tampoco es casualidad que la nación estadounidense acaba de añadir una nueva rama al cuerpo de las FF AA, la Fuerza Espacial de los EE. UU. Trump, como Reagan, cree, no en la casualidad, sino en la causalidad.

La campaña para reindustrializar los EE. UU., particularmente en sectores estratégicos y relevantes para la seguridad de la nación, se ha estado llevando a cabo desde el estreno del gobierno de Trump. Usando numerosas herramientas ejecutivas a su disposición como la desregulación, los aranceles, el tratamiento preferencial de impuestos de ingresos y ganancias, el abandono de acuerdos climáticos cuestionables y de acuerdos de control y producción de armamentos inútiles y la salida de organismos internacionales que son utilizados por el despotismo como foros de propaganda, Trump ha rediseñado la política exterior de los EE. UU. ajustándola a las realidades que ponen en peligro la libertad y el sistema democrático en el mundo. Crítico de un internacionalismo que ha servido los intereses de los enemigos de sociedades libres, este presidente poco convencional, ha buscado impactar y frustrar los avances del comunismo chino en cada una de sus posturas. La intimidad y el alineamiento que une a China con Irán, Corea del Norte, Cuba, Venezuela y Rusia es razón suficiente para apoyar el esfuerzo de los EE. UU. contra esta alianza maleante.

La etiqueta "Made in China" ha funcionado como un opio tóxico que ha facilitado la adicción a un consumismo irracional y la fomentación de una amoralidad generalizada en sociedades occidentales. Frente a la realidad que representa China comunista, con el cometimiento continuo de crímenes de genocidio y de lesa humanidad y su conducta subversiva en el exterior, la democracia como sistema político de libertad y auto gobierno se expone a la extinción, si sus sociedades no rompen con la percepción falsa que promueve el intercambio comercial con enemigos peligrosos. Sociedades virtuosas, un ingrediente insustituible para tener una democracia sostenible y exitosa, no puede caer en la banalización del mal.

Adam Smith, uno de los gurús del sistema libre de mercado (capitalismo), en su obra maestra, La riqueza de las naciones (1776), dejó claro su posición al hacer una defensa imperiosa de los aranceles en el caso de salvaguardar la seguridad nacional. El economista y filósofo escocés jamás pretendió que la "mano invisible" sirviera para asistir al suicidio de una democracia. Trump, un capitalista por excelencia mucho antes de ser un político, parece compartir la inquietud de Smith. Por el bien del mundo, quiera Dios que logre fundamentar este paradigma de reversión o, mejor dicho, de liberación, si es llevado a su máxima expresión.

2. Las olimpiadas del genocidio y la complicidad de occidente

La complicidad de Estados Unidos y Occidente con las Olimpiadas del genocidio debería servir de aviso de que las sociedades libres están, en efecto, en peligro de autoinmolación.

Occidente está en decadencia moral. Los Juegos Olímpicos de Invierno de 2022, organizados por la China comunista, son un síntoma emblemático del envilecimiento ético que se está produciendo en las democracias del mundo. Revela algo más. El problema no es solo moral. Es existencial. El mundo libre, por sus propios recelos, se está convirtiendo en una especie en peligro de extinción. El régimen comunista genocida de Pekín no ha hecho más que aprovechar esta oportunidad.

Recordamos con vergüenza los Juegos Olímpicos de 1936 en Berlín. ¿Cómo pudieron las democracias participar en un plan que servía a los intereses del nacionalsocialismo? Aunque las políticas y acciones antisemitas del Partido Nacionalsocialista Alemán de los Trabajadores (Partido Nazi) precedieron al Holocausto propiamente dicho, la práctica atroz del confinamiento en campos de concentración y el asesinato de judíos comenzó oficialmente en 1941. Eso fue 5 años después de la presencia vergonzosa de atletas que representaban a las sociedades libres haciendo el juego a la propaganda nazi. Los apologistas de los juegos de 1936 se excusaron alegando ignorancia y lamentando su incapacidad para predecir los acontecimientos futuros.

La persecución sistemática, el confinamiento, la tortura, la violación, la extracción de órganos, los trabajos forzados en condiciones de esclavitud, la esterilización forzada, los abortos forzados, el lavado de cerebro y el asesinato de tibetanos, uigures, cristianos, kazajos, practicantes de Falun Gong, kirguises y otros grupos étnicos y nacionalidades han sido durante mucho tiempo testigos de la represión genocida del comunismo chino. En el caso del Tíbet ocupado, esta comenzó en 1951 y se amplió geométricamente en 1959. Las pruebas de genocidio y otros crímenes de lesa humanidad cometidos en China son extensas, irrefutables y se han mantenido durante más de 63 años.

Los juegos olímpicos, a pesar de no ser supuestamente políticos, están impregnados de política. Está en su composición genética. El Comité Olímpico Internacional (COI) tiene numerosos lemas. Entre ellos se encuentra "El olimpismo es una filosofía de vida… [busca] crear un modo de vida basado en la alegría del esfuerzo, el valor educativo del buen ejemplo y el respeto a los principios éticos fundamentales universales". La noción de "principios éticos fundamentales universales" del COI, al parecer, es paralela a la de los regímenes tiránicos.

Se espera que alrededor de 3,000 millones de espectadores en todo el mundo sintonicen los juegos. Airbnb, Bridgestone, Coca-Cola, Procter & Gamble, Toyota y Visa son algunos de los patrocinadores oficiales de este lamentable evento. 10 de los 12 mayores patrocinadores olímpicos, según Bloomberg, generarán en China 110,000 millones de dólares en ingresos. Este ejercicio amoral del capitalismo es emblemático de las entidades comerciales estructurales a las que se atribuye haberse referido Vladimir

Lenin cuando dijo: "Los capitalistas nos venderán la cuerda para ahorcarlos".

La China comunista ha corrompido totalmente a Occidente. Estados Unidos, muy particularmente, ha sido infectado. En octubre de 2020, 217 empresas comunistas chinas cotizaban en las bolsas americanas con una capitalización de mercado total de 2.2 billones de dólares ($2.2 trillones). Los activos americanos invertidos en valores chinos se acercaban a 1.2 billones de dólares ($1.2 trillones) a finales de 2020. Esta enmarañada relación entre la democracia más exitosa del mundo y la mayor dictadura comunista del planeta no ha estimulado un proceso de democratización en el gigante asiático. Sin embargo, ha convertido a las empresas, los políticos (de ambos partidos), los consumidores y las élites culturales americanas en cómplices del mal.

La complicidad de Estados Unidos y Occidente con las Olimpiadas del genocidio debería servir de aviso de que las sociedades libres están, en efecto, en peligro de autoinmolación. La cantidad de dinero obtenida por las empresas y los individuos americanos, resultante de su conexión con el régimen sangriento de China, ha comprado sus conciencias y sus almas. En julio de 1959, al observar la invasión y conquista del Tíbet por el ejército comunista de Mao, el secretario general de la Comisión Internacional de Juristas, Jean-Flavien Laliv, escribió: "El peligro en casos como el del Tíbet es que un sentimiento de impotencia e indefensión se apodere de la gente ante un hecho consumado".

"Lo que ocurrió ayer en el Tíbet puede ocurrir mañana en nuestros propios países". ¡Hay que detener a China! Boicotear las Olimpiadas del genocidio y a sus patrocinadores sería un comienzo fácil para todos.

3. Tiananmén: tumba de la tesis democratizadora del 'acercamiento'

1989 fue un año importante. La caída del Muro de Berlín en noviembre fue el emblema que oficializó la extinción virtual del comunismo soviético. Paradójicamente, cinco meses antes en China, el comunismo asiático consolidó su modelo innovador de una economía de mercado mercantilista con un Estado marxista-leninista, a plomo indiscriminado. ¿Cómo se puede racionalizar esta incoherencia histórica abismal? La explicación yace en el formulario político diferente que las democracias aplicaron a estos dos regímenes totalitarios, particularmente los EE. UU., y los frutos divergentes de dichas acciones.

Para lidiar con la expansión subversiva de la Unión Soviética, los EE. UU. después de la Segunda Guerra

Mundial puso en práctica las políticas norteamericanas de Estado conocidas como la Doctrina Truman y la Doctrina Reagan. Ambas constituían una postura de enfrentamiento. La primera se forjó para contener el comunismo soviético. La segunda no se detuvo en la contención y prosiguió a provocar la reversión del marxismo internacional bajo el eje de Moscú. El desplome del imperio soviético que inventó Lenin fue el resultado.

Los comunistas chinos, tan crueles y comprometidos con el marxismo-leninismo como los rusos, recibieron otro trato de los EE. UU. a partir del inicio de la década de los 1970´s. La lógica de la discursiva oficial fue que el acercamiento, en lo político, dividiría el orbe socialista y que sería más beneficioso tener a los chinos de nuestro lado. La noción pensada detrás del matrimonio comercial entre China roja y el Occidente democrático (la parte económica de la tesis) fue que el contagio del capitalismo anularía la malignidad del socialismo. La democracia, insistían sus proponentes y defensores, llegaría en unos años.

Lo cierto es que los escépticos estaban en minoría al principio. Después de todo, la tesis del acercamiento con su principio de que del entrelazamiento comercial brota la modernidad y con ella una transición inevitable hacia la democracia, había dado resultados sólidos cuando se aplicó a dictaduras autoritarias a través de los 1970's y 1980's. Fueron mucho los que apostaron que dictaduras de corte totalitario no podrían resistir tampoco la tentación racional del mercado (como si el mercado fuera propiedad exclusiva de las democracias) y tendrían que sucumbir ante la fuerza superior del capitalismo. ¡Qué equivocaron estuvieron los que creyeron que el modelo económico tiene primacía sobre el político y el ético! Treinta y ocho años de evidencia devastadora ha falsificado la aplicabilidad de la política de acercamiento como un agente de cambio democratizador viable. Los pensadores serios que aún apucstan en la capacitación del comunismo asiático ("modelo chino") en transitar hacia mares democráticos, hoy sólo encuentran la hospitalidad intelectual de un desierto árido y desprestigiado.

La muerte de Hu Yaobang, un reformador que favoreció extender las reformas al ámbito político, conllevó a protestas estudiantiles que inició una corriente que ensalzó las aspiraciones democráticas de todo un pueblo que interpretó la liberalización económica como una luz verde para pedir lo mismo en lo político y lo civil. Las manifestaciones se produjeron en más de cuatrocientas ciudades a través de China. Fue, sin embargo, en la mítica Plaza de Tiananmén dónde más se reflejó ese deseo de cambio. Durante la más de siete semanas que duraron las manifestaciones, más de un millón de chinos pasaron y se acamparon en la plaza. La mayoría eran estudiantes y trabajadores. Esto fue la prueba de fuego para el comunismo asiático.

Zhao Ziyang fue Primer Ministro del régimen chino (1980-1987), Secretario General del Partido Comunista Chino ("PCCh") (1987-1989) y uno de los arquitectos del proyecto llamado "socialismo con características chinas" ("modelo chino"). Zhao, un colaborador estrecho de su predecesor a cargo del PCCh, Hu Yaobang, cayó en desgracia con sus homólogos del Politburó al abogar por reformas que separarían el Partido del Estado (paso fundamental para quebrar el despotismo totalitario) y apoyó los manifestantes contestatarios. Al violar el principio leninista de centralismo democrático, fue separado de su cargo y sentenciado a quince años de cárcel domiciliaria. Deng Xiaoping, dictador máximo de China roja, convenció a la élite reaccionaria y poderosa del PCCh que sí se podía tener una economía con rasgos capitalistas, sin tener que prescindir de un Estado dictatorial de dominación total. La respuesta del régimen despótico de Pekín fue contundente y bárbaramente cruel.

La movilización del titulado Ejército Popular de Liberación (las fuerzas armadas chinas) sobre la Plaza de Tiananmén fue mayor de la que se llevó a cabo durante incidentes bélicos de fronteras con Vietnam, India y la URSS. Estimados conservadores colocan las cifras de las fuerzas represivas en alrededor de 250,000 efectivos que estaban constituidos en gran medida, por batallones élites y no cuerpos de infantería regulares. Tiraron con tanques y armamentos pesados de guerra, no con alternativas menos letales y más aptas para contener a civiles desarmados.

Algunos diplomáticos presentes han estimado que fueron más de mil las víctimas inocentes. Otros, como Pavel Stroilov, un historiador ruso que tuvo acceso a los archivos secretos de Mijaíl Gorbachov, coloca la cifra en más de tres mil. En adición a los asesinados en sangre fría, hubo más de diez mil heridos y otros incontables miles que fueron arrestados, desaparecidos o defenestrados. Otra baja, seminal e incalculable, ha sido la desnaturalización de la ética democrática y la moralidad en el mundo libre a consecuencia de la consolidación del modelo chino.

La dictadura comunista china, en su ataque desproporcional e injustificado a la población civil en ese espacio público, fue a la guerra para preservar integralmente su régimen comunista con matices económicos capitalistas. Deng fue claro y no engaño a nadie. Desde el Undécimo Congreso del PCCh en 1978 (cuando se iniciaron las modificaciones económicas), Deng habló de las nuevas adaptaciones que buscaba "integrar" al marxismo con "realidades chinas", fortaleciendo las fuerzas productivas para mejor promover un orden socialista. Todo el planteamiento del comunismo asiático (modelo chino) fue diseñado para coexistir con la ideología marxista y simplemente desarrollar la capacitación productiva y así impactar sus relaciones, pero todo dentro del contexto ideológico del marxismo. Tomando en cuenta que la meta del dogma marxista es la conclusión de la alienación, Deng no estaba discrepando con Marx, Lenin o Gramsci.

Quitando algunos reformadores dentro del PCCh (hoy desaparecidos o invisibles), los que se han confundido con el modelo chino no han sido los comunistas de Pekín. Los errados han sido los políticos, los intelectuales y los empresarios demócratas (y otros más) que confundieron las reformas económicas con cambios sistémicos. Naturalmente, los intereses mercantiles del Occidente aportaron mucho para que este producto fraudulento Made in China fuera empaquetado para mermar inconsistencias morales de la realidad en China con las expectativas democráticas que prometieron. Esas siete semanas entre abril y junio de 1989 en China, evidenció la consolidación del fatídico modelo del neocomunismo que vemos hoy.

La Masacre de la Plaza de Tiananmén aquel 4 de junio de 1989, demostró la evidencia de la inmunidad al contagio democrático que dictaduras comunistas con economías mercantilistas de mercado poseen. Ahí quedó aplanada, no sólo la esperanza del pueblo chino y la ética democrática del mundo civilizado. También quedó acribillada la tesis de acercamiento con dictaduras totalitarias, con su propuesta de comercio y conciliación, como mecanismo para facilitar la democratización. Los que aún sostienen fe en esta fórmula, lo hacen sin ningún respaldo empírico. ¡Ninguno! Todo lo opuesto. China, Vietnam y Laos, los ejercitantes de este modelo neocomunista, están más fortalecidos que nunca como regímenes dictatoriales. Los cubanos harían bien en tener presente el 4 de junio y la realidad fehaciente e integral de Tiananmén.

4. China comunista y la biología como arte de guerra

Hasta el momento no existe prueba si esta pandemia fue intencional o producto de un accidente (un Chernóbil chino). Duda no hay de que el coronavirus salió de Wuhan, pero no del mercado de los murciélagos, sino del Instituto de Virología de Wuhan.

Casi cada rincón del mundo está combatiendo hoy una pandemia maliciosa, "Made in China". Un estudio de la Universidad de Southampton (RU) concluyó que el 95 % de las muertes eran evitables. Las normas de las Regulaciones de Salud Internacional (RSI), un instrumento legal vinculante, reglamentó protocolos de seguir. China comunista, uno de los 194 Estados plegados a las RSI, no solo incumplió olímpicamente sus obligaciones, sino que violó un buen número de artículos de la Responsabilidad del Estado por Hechos Internacionales Ilícitos adoptados por la Comisión de Derecho Internacional (ONU). Toda la información disponible avala que Pekín se comportó con negligencia crasa y deliberadamente falsificó datos, destruyó evidencia y aniquiló a testigos para intentar ocultar la realidad.

El Estado dictatorial chino contó con la complicidad proactiva de la Organización Mundial de la Salud (OMS) para ejecutar esta fechoría. La decisión de la OMS de emitir información falsa, sin verificación de primera mano, es criminal. Ejemplos como el pronunciamiento del 12 de enero (2020) en contra de emitir restricciones de viaje o comerciales a China comunista o la del 14 de enero que negaba que el virus era contagioso entre humanos, muestra el nivel de activismo que la OMS protagonizó para blanquear al régimen marxista. Tan descarado fue el papel cómplice de la OMS, que ignoró totalmente las afirmaciones acertadas de la República de China (China nacionalista/Taiwán) sobre el mal de Wuhan.

El camino a esta peste del siglo XXI ha sido largo. El régimen dictatorial que fundamentó Mao Zedong y el comunismo internacional en 1949, ya para el año 1971, reposaba sobre suficiente evidencia para concluir acerca de la improbabilidad de la capacitación del comunismo chino para perdurar y, no solo evitar futuras hambrunas, como fue el caso del Gran Salto Adelante (1958-1962) donde en cuatro años perecieron entre 40 a 65 millones de personas, sino de potenciarse en el siglo XX. Eso lo entendió Deng Xiaoping, el arquitecto del "modelo chino", un prototipo de Estado leninista con una economía mercantilista dirigida. La política estadounidense de distensión, buscando modernizar una dictadura marxista-leninista y esperando dividendos de democratización, resultó un fracaso monstruoso.

Los más de 838 000 proyectos foráneos, valorados en 1,5 trillones de dólares de inversión extranjera entre 1979-2015 no ha logrado la quimérica democratización esperada en China. Ni siquiera ha producido un socio comercial confiable. La potencia económica que surgió hoy controla sectores económicos vitales casi monopolísticamente. El entorno de la salubridad es un caso en punto. Una audiencia del Comité de Finanzas del Senado norteamericano nos revela que el 80-90 % de los antibióticos, 95 % de ibuprofeno, 70 % de acetaminofeno, 80 % de los ingredientes farmacéuticos activos en medicina para la presión arterial, cáncer, Alzheimer y otras condiciones médicas que consume los EE. UU., provienen de China comunista. Cuando añadimos que los suministros y la maquinaria de equipos médicos también son producidos en el país asiático, la dependencia evidente es escalofriante.

Lo más preocupante de esta hechura que confeccionó la coexistencia y los enlaces comerciales entre una dictadura comunista y el mundo democrático, ha sido la decisión del comunismo chino de evitar los errores cometidos por los soviéticos al querer competir militarmente con EE. UU. y de confrontarlos frontalmente. La variante marxista-leninista china optó por lo que Mao llamó el "maratón de cien años". La idea de dominar el mundo para el año 2049 sin que se dieran cuenta. Para esa meta se abrazó metodologías de guerra no-convencional, lo que se conoce hoy por una guerra asimétrica.

Mucho se ha hablado del libro La guerra irrestricta (1999), escrito por dos coroneles del Ejército Popular de Liberación, Qiao Liang y Wang Xiangsui, donde queda delineada la preferencia por este modo de guerrear y del apoyo tácito al uso de armas biológicas. Esta obra no ha sido exclusiva. Abunda literatura del oficialismo militar/científico del comunismo chino que aboga por la utilización de armamentos biológicos, no solo desde un prisma práctico, sino desde una moralidad que justifica estas armas de destrucción masiva. Entre ellas están: Guerra por el dominio biológico (Guo, 2010); Un análisis del impacto de la tecnología biológica moderna en las formas de guerra del futuro (Li, 2016); Nueva elevación de guerra (Zhang, 2017) y La ciencia de estrategia militar (Xiao, ed., 2017).

La Guerra del Golfo y los armamentos estadounidenses empleados en ella parece haber convencido a los comunistas chinos de la imposibilidad de alcanzar una superioridad militar sobre EE. UU. No querían cometer el error de la URSS. Armas biológicas son capaces de producir daños extensísimos a cualquier potencia y lo puede lograr a un costo ínfimo en comparación con armamentos nucleares o de avance tecnológico. Cuando tomamos en cuenta que los virus de ingeniería genética componen la nueva ola de armas biológicas, queda más clara la vasta inversión de Pekín en esta rama bélica.

Los chinos comunistas no inventaron la guerra biológica. Desde que se inscribe la historia, la idea de infligirle golpes al enemigo usando agentes biológicos de todo tipo imaginable, se ha manifestado. Los soviéticos tuvieron Biopreparat, una agencia masiva para la fabricación de armas biológicas. El Bacillus anthracis, los virus de la viruela y las fiebres hemorrágicas, incluyendo la de Marburgo, formaban parte del arsenal producido. Para el comunismo soviético estas se elaboraron como un arma de última instancia. En el caso chino, la inteligencia militar estadounidense apunta a un desarrollo precoz de la industria bélica biológica desde la década de 1950. Sin embargo, fue a partir de 1991 que la utilización de agentes bacteriológicos y virales como armas de guerra, se convirtió en una priorización de desarrollo.

China comunista goza hoy de recursos económicos amplios, gracias a los errores del mundo libre. Es hora de corregir esa ecuación. La reindustrialización de EE. UU. es imperativo. Hasta el momento no existe prueba si esta pandemia fue intencional o producto de un accidente (un Chernóbil chino). Duda no hay de que el coronavirus salió de Wuhan, pero no del mercado de los murciélagos, sino del Instituto de Virología de Wuhan.

5. Nike y las empresas que utilizan esclavos del partido comunista chino

Pensaríamos que no es verdad, que no puede ser, que en pleno siglo XXI, alguien se opondría a la mano de obra esclava. Sobran las críticas que juzgan esa práctica. Los modelos de la esclavitud del Antiguo Egipto, Grecia, África, el Medio Oriente o la Confederación del Sur en Estados Unidos, para nombrar algunos ejemplos históricos, nos causan repugnancia hoy. Es escalofriante, en el sentido moral y ético, comprobar que en nuestros tiempos puede funcionar un modelo de producción esclavista operando a la luz del día. Tan abominable como nos puede parecer la esclavitud moderna (o postmoderna), como es la realidad vergonzosa de precisar que existen cortesanos comerciales que buscan justificar esa ejercitación infame.

Recientemente la "Ley de Prevención del Trabajo Forzoso" de los Uigures ("HR 6210" 116º Congreso) fue aprobada en la Cámara Baja con un consenso bipartidista amplio reflejando una votación de 406 a favor y 3 en contra. Esto representa un rechazo categórico de los diputados estadounidenses sin distinción de partidos. El Senado (Cámara Alta) está gestando su propia versión y con toda probabilidad encontrará con el mismo apoyo mayoritario (Ley de Divulgación de los Trabajos Forzados de los Uigures "HR 6270"). El presidente Trump, con sumo gusto, la firmará y la convertiría en ley. Este proyecto busca prohibir la entrada a los Estados Unidos de todas las importaciones de productos que vengan de la provincia occidental de Xinjiang en China comunista.

El régimen comunista chino, imitando su política genocida contra el Tíbet, está llevando a cabo una campaña sucia de limpieza étnica contra los uigures, grupo de mayoría musulmán. Desde hace tiempo dejó de ser un secreto el gran número de campos de concentración que China comunista mantiene en esta hazaña de genocidio contra los uigures. Tampoco ha sido desconocida la utilización sistemática de presos políticos como mano de obra esclava a través de todo el país, por parte de Pekín, para elaborar productos de consumo que el mundo libre les compra, gracias al globalismo, la noción fallida de la coexistencia y políticos occidentales miopes.

Es escalofriante, en el sentido moral y ético, comprobar que en nuestros tiempos puede funcionar un modelo de producción esclavista operando a la luz del día.

Pese a los esfuerzos anteriores del comunismo chino de relocalizar a los presos políticos cada vez que hay un escrutinio con el propósito de tratar de limpiar su imagen ante semejante inmundicia, en esta ocasión el vínculo entre los campos de concentración, el traslado de presos uigures a factorías de producción de empresas del mundo libre y la práctica consumida de éstos como piezas laborales esclavas ha sido bien documentado.

Nike y otras 83 empresas usufructúan con empleomanía esclava

Pese a que existe un nutrido grupo de estudios que ha confirmado el empleo de miles de personas como mano de obra esclava, recientemente el Instituto Australiano de Política Estratégica (IAPE) ha hecho público un reporte muy revelador. Con nombre y apellido, el IAPE ha citado a más de 83 empresas internacionales de marcas conocidas como Nike, Apple, BMW, Gap, Huawei, Samsung, Sony,

Volkswagen, Adidas, Patagonia y Fila que, en contubernio con el Partido Comunista chino (PCCh), usufructúan con una empleomanía esclava.

Dicho informe que detalla, no sólo la mecanización de los traslados de los uigures en los campos de concentración a las fábricas de estas empresas, sino dan los pormenores de la monstruosidad exhibida por la tiranía comunista china como es la cosecha de órganos vivos, la esterilización forzosa, las violaciones en masa, las torturas con electroshock y los abortos obligados.

Ante esta maldad ciclópica, el único espanto que iguala (o supera) esta realidad brutal, es contemplar la reacción de empresas que están implicadas en esta trama inhumana. En vez de romper lazos con los verdugos comunistas e iniciar un proceso de retracción, desinversión y buscar distanciarse de su papel en el cometimiento de crímenes de lesa humanidad con el PCCh, lo que vemos es un esfuerzo robusto de cabildeo a favor de la neutralización o el desmantelamiento del mencionado proyecto de ley que intenta impedir este ejercicio de esclavismo.

La publicación británica, Comercio Internacional Hoy (International Trade Today), nos reporta que asociaciones comerciales y compañías internacionales como la Federación Nacional de Minoristas, la Asociación de Líderes de la Industria Minorista, la Asociación Estadounidense de Ropa y Calzado, la Cámara de Comercio de Estados Unidos, la Internacional de Fabricantes de Fontanería, y empresas que incluyen a Nike, Apple, Engie North America, Kraft Heinz, Campbell Soup y VF Corporation han estado descendiendo al Congreso en una estampida para cabildear en contra de este proyecto de ley que busca impedir el genocidio de un pueblo y que defendería los derechos humanos, civiles y laborales básicos.

La Cámara de Comercio de Estados Unidos (CCEU), fundada en 1912, es la organización de cabildeo más grande en la nación estadounidense. Según OpenSecrets.org, una organización que monitorea las contribuciones políticas de entidades de cabildeo, la CCEU es la que más dinero invierte en el proceso político de Estados Unidos. Entre el periodo de 1998-2020 ha invertido $1,642,670,680. En 2019 aportó $77,245,000 a políticos estadounidense. Esto coloca a la CCEU como el principal aportador de dinero a campañas y causas políticas en el país.

La CCEU nunca conoció una dictadura con quien no haría negocio. Ha sido un apologista histórico, atacando todos los embargos a regímenes criminales y defendiendo, indiscriminadamente, el comercio con cualquiera. Era de suponer que esta organización importante se opondría a HR 6210 y HR 6270 (proyectos de ley anti-genocidio uigures). Lo más increíble y descarado de la posición de la CCEU es que ha justificado la abolición y/o el debilitamiento severo de ambos proyectos de ley, basándose en nada menos que en la "defensa" de los DD. HH. (¿de los productores-consumidores será?).

La Ley de Aranceles de 1930, conocida también como la Ley Smoot-Hawley, contenía una provisión que impedía la entrada de importaciones a Estados Unidos de productos hechos con mano de obra esclava. Dicha sustentación moral estuvo activa hasta 2016, cuando Barack Obama firmó en febrero de 2016, la Ley de Facilitación y Aplicación del Comercio de 2015. Este acto federal anuló la prohibición de artículos producido con una fuerza laboral esclava.

De todas las fuerzas comerciales que están en guerra con estos proyectos nobles y virtuosos que buscan convertirse en ley y rescatar valores elementales de decencia y el respeto por los derechos naturales, la empresa Nike se resalta por ser ésta, de facto, la voz comercial del grupo marxista "Black Lives Matter". Pese a haber caído en la trampa y dejarse engatusar, confundiendo ideología por raza, su "inquietud" y "sensibilidad" por las vidas de sectores de la sociedad estadounidense parece ser racistas y con apego a ideologías liberticidas. Los uigures, tibetanos, chinos y otras vidas, para Nike, parece que no valen nada.

Esto representa una crisis de valores que tiene una implicación seria para la democracia y su modelo económico complementario, el capitalismo. Un modelo socioeconómico, cualquier sistema, desligado de raíces éticas que dan primacía a derechos preeminentes, no puede durar mucho, ni se diferencia de los modelos abominables de antaño que tan lejanos nos parece, sin embargo, tan cerca y presente están. Nike no está sola en su pecado, de eso estamos claro. Su preponderancia en querer dar lecciones de superioridad "moral" cuando son cómplices en crímenes universales crasos, los distingue en ser la antítesis de toda moralidad digna. Son un emblema de lo inmoral.

6. Shen yun: la danza clásica al servicio de la libertad

El frente más ardiente de la libertad se libra en el ámbito cultural. Por lo tanto, cuando una gran compañía de producción de artes escénicas decide hacer una gira mundial que promueve los valores tradicionales, un ethos trascendental, y desafía directamente a la amenaza más poderosa del mundo para la libertad, merece apoyo. Por eso fui a ver Shen Yun 2022: China antes del comunismo.

Aunque me impulsaron a asistir los principios morales y una convicción política, la experiencia fue más allá. La dictadura del relativismo del marxismo cultural y del posmodernismo, como la llamó el papa Benedicto XVI, ha animado síntomas como la cultura de cancelación, la propaganda woke, el laicismo fundamentalista y el paganismo identitario. Las instituciones privadas, antaño componentes estimados de la sociedad civil, han sido cooptadas y ahora son líderes venerados en esta cruzada materialista contra la piedad, el gobierno republicano, la familia y las manifestaciones de la ley natural como la libertad.

Establecida en Nueva York en 2006, formada principalmente por exiliados chinos, la Compañía de Artes Escénicas Shen Yun (Shen Yun) ha trazado un programa para revivir 5,000 años de auténtica cultura y tradición que el comunismo, mediante el genocidio y el terror de Estado, ha intentado borrar desde 1949. Desde el principio, sabían que enfrentarse a la falsedad urdida por la China comunista, dada su enorme influencia en los asuntos del globo, sería una batalla ardua. Sin embargo, Shen Yun ha conseguido prosperar y deleitar al público internacional con una programación constante de espectáculos de artes clásicas, cada año con una nueva coreografía.

China, la tierra que proporcionó el primer ejemplo de la doctrina del derecho a la revolución (o rebelión) (dinastía Zhou, 1046 a.C.), desarrolló otra novedad. Se trata de la danza clásica china. El núcleo de la presentación de Shen Yun es esta forma de expresión artística tan singular. La danza clásica china es un sistema híbrido de ballet y gimnasia que expresa de modo exhaustivo una historia, una tradición popular y representa fenómenos culturales. Incorpora colores variados y sofisticadas técnicas de danza que se han transmitido a lo largo de los siglos desde diferentes regiones, así como desde diferentes grupos étnicos. Articula la historia de China antes de la toma del poder por los marxistas-leninistas.

El compromiso de China antes del comunismo contiene un total de diecisiete episodios, cada uno con un tema particular. La Orquesta Shen Yun, de categoría mundial, que contiene una mezcla de instrumentos occidentales de los grupos de cuerdas, metales y maderas, toca junto a piezas de música tradicional china como el erhu de dos cuerdas y la pipa de cuerda. Esta combinación acentúa magistralmente la exhibición de danza. Con una proyección digital en 3D que utiliza tecnología punta como telón de fondo, Shen Yun ofrece una profundidad en cada escena que fomenta una interacción entre la realidad y el arte que resulta impresionante. Esta característica innovadora y original tiene incluso su propia patente.

Ninguna representación sobre China podría omitir las atrocidades de su experiencia comunista. Shen Yun 2022:

China antes del comunismo también contiene este triste capítulo. Un segmento de lo más dramático, titulado "La locura durante el fin de los días", abordaba la práctica del régimen marxista-maoísta de extracción de órganos a los grupos considerados por la brutal dictadura como de opositores. Repudiando el fundamentalismo ateo del socialismo y la comprensión materialista de enfoque singular de la vida, Shen Yun se explayó constantemente por diferentes lugares sobre la espiritualidad, la vida eterna y el poder de la fe. Sin duda, la vacuidad del comunismo, la cultura woke y la banalidad secular quedaron bien expuestas con el contraste.

Hoy en día, con los medios de comunicación corporativos, las Big Tech, las élites de Hollywood y del deporte, y los políticos de izquierdas que pretenden controlar los medios de producción cultural, la formidable actuación de Shen Yun destaca como un faro de esperanza. La mafia oligárquica, que cuenta con socios globales como la China comunista para difundir su veneno, ha sido desafiada heroicamente en la esfera cultural. Hay que elogiar a Shen Yun. ¡Nadie debería perderse esta representación!

7. Masacre de la plaza de tiananmén: la gran lección

Hoy 4 de junio se cumple el otro aniversario de la Masacre de la Plaza de Tiananmén. Pavel Stroilov, un historiador ruso que tuvo acceso a archivos soviéticos secretos durante la era de Mijaíl Gorbachov y que consiguió llevarse gran parte de ellos al exilio en Occidente, cita que las cifras de muertos, según los datos de inteligencia de la antigua URSS para ese brutal acontecimiento, superan las 3,000 personas.

Aquella horrible ocasión en la plaza más grande del mundo (Tiananmén) fue la culminación de un movimiento popular épico que exigía libertad y autogobierno democrático y en el que se llevaron a cabo manifestaciones masivas a nivel nacional en más de cuatrocientas ciudades chinas, que duraron más de siete semanas.

"La estructura militar más feroz del comunismo chino se posicionó para llevar a cabo la matanza de más de 3,000 compatriotas civiles desarmados".

El gran "incitador" de las reivindicaciones comprensibles del pueblo chino en 1989 fue la noción de que la liberalización económica equivalía (o debía equivaler) a la ampliación de los espacios sociales políticos y civiles. Al fin y al cabo, esa era la misma premisa lógica formulada por los políticos y la comunidad empresarial de las democracias del mundo, especialmente de Estados Unidos.

La política de "acercamiento" del presidente Richard Nixon se racionalizó como si tuviera ventajas de realpolitik y pusiera las semillas para que los comunistas de Pekín eligieran otro camino. Muchos seguían creyendo que el capitalismo poseía una cualidad de contagio que inducía a la democracia. Por eso, cuando Deng Xiaoping comenzó sus sermones sobre la necesidad de reformular el modelo económico para satisfacer las «necesidades socialistas» antes del Undécimo Congreso del Partido Comunista de

China en 1978, muchos en Occidente juzgaron mal la tenacidad de un Estado marxista-leninista.

El acto de integrar los mecanismos de mercado en un modelo mercantilista dirigido por el Estado —que Deng etiquetó hábilmente como «socialismo con características chinas»— estaba totalmente dentro de los parámetros permisibles del comunismo. Fue nada menos que el propio Vladímir Lenin quien introdujo la primera variante híbrida comunista de una empresa económica pública/privada dirigida por el Estado (capitalismo de Estado), llamada Nueva Política Económica en 1921. Deng no hacía más que seguir los pasos de Lenin, pero de forma más amplia.

La búsqueda legítima de la libertad por parte de la sociedad china cautiva era una aspiración coherente con la esperanza de que unas relaciones más cordiales con Occidente pudieran suscitar en las autoridades comunistas de Pekín un enfoque más comprometido, en el peor de los casos.

Además, la historia parecía estar de su lado. El pueblo chino no ignoraba que el comunismo soviético se estaba desmoronando. La caída literal del Muro de Berlín estaba a solo cinco meses de distancia. El problema era que la mayoría de los marxistas chinos en el poder habían tomado la decisión calculada de abordar su modelo económico y las consiguientes relaciones de producción, con fines de supervivencia del régimen y no por preocupaciones humanitarias. El 4 de junio los comunistas estaban decididos a poner fin a todos los malentendidos sobre lo que era el "modelo chino". El Estado leninista con su ideología oficial marxista-maoísta era inmutable y las reformulaciones económicas eran meros instrumentos de poder.

El Ejército Popular de Liberación movilizó ese día en Pekín más tropas que las que se acumularon en anteriores incidentes territoriales en las fronteras soviética, india y vietnamita. En lugar de las habituales divisiones regulares de infantería, se utilizaron en su mayoría, batallones de élite para ejecutar la carnicería atroz. La estructura militar más feroz del comunismo chino se posicionó para llevar a cabo la matanza de más de 3,000 compatriotas civiles desarmados. La mayoría eran jóvenes.

El mundo libre se limitó a observar e ignorar el horrendo crimen de lesa humanidad cometido aquel día en la Plaza de Tiananmén. La falsa creencia de que el comunismo estaba llegando a su fin con los acontecimientos que se estaban produciendo en la URSS y en los satélites del bloque oriental, desvió la atención moral de Occidente.

La estupidez de creer que el comunismo murió, en lugar de mutar, sigue poniendo en peligro a las sociedades libres de todo el mundo. Lo más lamentable es que los chinos comunistas siguen saliéndose con la suya. No solo de la muerte de ciudadanos chinos, sino también del mundo. La exportación de la pandemia Made in China está siendo encubierta por los sospechosos habituales: el Occidente cómplice.

8. China cosechará la riqueza de afganistán

Afganistán es un país paradójico. Es una nación muy pobre y, al mismo tiempo, bastante rica. Este, uno de los lugares más igualitarios del mundo, está sentado sobre un estimado de 3 mil millones de dólares en recursos naturales sin explotar, según el exministro afgano de Minas Wahidullah Shahrani y reportado por Reuters. China comunista, financiadora de los talibanes a través de su habilitador Pakistán, cosechará la riqueza de Afganistán.

Cobre, hierro, litio y metales de tierras raras ("rare earth") son algunos de los minerales que abundan en Afganistán. Aunque estos recursos han sido identificados pero no explorados o evaluados completamente, en términos geológicos, se consideran "no descubiertos". La Unión Soviética, durante su ocupación, realizó amplias investigaciones y proporcionó estudios que los miembros del Servicio Geológico de Afganistán almacenaron. Moscú tenía la intención de expropiar estas riquezas. La retirada y el inminente colapso de la URSS pusieron fin a esas aspiraciones.

En 2004, tras la derrota del régimen Talibán por la resistencia afgana y las fuerzas americanas, el Servicio Geológico de Estados Unidos (USGS) comenzó a examinar todos los datos disponibles que tenían sus homólogos afganos. El USGS comenzó en 2006 a realizar misiones aéreas y a llevar a cabo estudios magnéticos, gravimétricos e hiperespectrales en Afganistán. En dos meses, se cartografió el 70 % de Afganistán. Los resultados parecen coincidir con los hallazgos soviéticos.

Las reservas de cobre estimadas situarían a Afganistán entre los cinco primeros países del mundo en esa categoría. En cuanto a los recursos de mineral de hierro se calcula que el país podría estar entre las diez primeras naciones del mundo que poseen hierro extraíble. Sin embargo, el trabajo realizado por el USGS fue incompleto, al igual que el de la URSS. Los funcionarios afganos creen que la cantidad es mayor y que hay más tesoros bajo el suelo de Afganistán.

De todos los recursos naturales con los que cuenta Afganistán, quizá los más seminales y buscados sean los minerales de tierras raras. Este conjunto de diecisiete elementos metálicos, compuesto por los quince lantánidos de la tabla periódica más el escandio y el itrio, son componentes de valor incalculable para la vida moderna y la defensa de la nación.

Las aplicaciones militares que incluyen pantallas electrónicas, sistemas de guía, lásers, aviones y sistemas de radar y alarmas dependen de estos minerales para su funcionamiento. Los productos tecnológicos de consumo, como los discos duros de los ordenadores, los teléfonos móviles, los monitores y televisores de pantalla plana y los vehículos eléctricos e híbridos, dependen de los minerales de las tierras raras. Así, pues no se puede subestimar la importancia de los elementos de las tierras raras. Sin sus propiedades, la revolución electrónica y la tecnología del siglo XXI se paralizarían.

Afganistán contiene los siguientes elementos de tierras raras: lantano, cerio, neodimio, y vetas de los metales preciosos: aluminio, oro, plata, zinc, mercurio y litio, que complementan los equipos de alta tecnología. Se calcula que este país multiétnico y sin salida al mar posee más de

1,4 millones de toneladas de elementos de tierras raras. Sin duda, Afganistán es una posesión preciada en este sentido.

Estados Unidos produjo, en 1993, el 33 % de la producción mundial de minerales de tierras raras. China generó el 38 %. Desde 2011, el país comunista expansionista asiático produce y controla el 97 % del suministro mundial. La administración Trump fomentó la producción y el desarrollo nacional mediante incentivos fiscales y subvenciones favorables. Sin embargo, sigue siendo una incógnita lo que hará el actual Gobierno de Biden-Harris al respecto.

El ministro de Asuntos Exteriores de China comunista, Wang Yi, se reunió el 28 de julio, antes de la capitulación americana en Afganistán, con el mulá Abdul Ghani Baradar, jefe de la Comisión Política de los talibanes afganos. La reunión privada fue celebrada en Tianjin (China) demostró la enorme influencia que ejerce Pekín sobre los talibanes.

En una publicación en la página web del Gobierno, el representante comunista chino subrayó que el Movimiento Islámico del Turkestán Oriental, un grupo fundamentalista dentro de Afganistán que China considera una amenaza, debe ser enfrentado por los talibanes. "Los talibanes afganos", confirmó el representante talibán según la publicación estatal, "nunca permitirán que ninguna fuerza utilice el territorio afgano para realizar actos perjudiciales para China". El portavoz del movimiento terrorista ahora en el poder en Kabul añadió que los talibanes "(…) esperan que China se implique más en el proceso de paz y reconciliación de Afganistán y desempeñe un papel más importante en la futura reconstrucción y desarrollo económico".

Pakistán, fabricante y facilitador de los talibanes, no podría haber hecho mucho por los terroristas islámicos sin la ayuda financiera de China. Todas estas partes subversivas lo saben bien. El instrumento neocolonialista de China, la iniciativa del Cinturón y la Ruta, será una forma de controlar el poder en Afganistán. La legitimidad que los talibanes necesitan tan desesperadamente, se la proporcionará la dictadura comunista asiática, dada su enorme influencia en las Naciones Unidas y otras organizaciones internacionales.

La exploración y expropiación de los recursos naturales de Afganistán, en particular de sus metales de tierras raras, es ya un hecho que está a punto de producirse. China lo ejecutará en nombre del "desarrollo económico" y la "reconstrucción". Los talibanes no tienen alternativa. Deben su "éxito" al Partido Comunista chino. En cuanto a Estados Unidos, mientras el Ejecutivo esté dirigido por Biden-Harris o cualquier otra persona designada por Obama, Pekín tendrá un día de campo global.

9. China es la gran amenaza

Putin es un matón y su régimen es autocrático. Pero, no nos equivoquemos, la China comunista lanzó una invasión para aplastar a Occidente.

Vladimir Putin es alguien fácil de detestar. A pesar de los considerables éxitos socioeconómicos de su gestión autoritaria de Rusia y de la popularidad de la que goza en su país y en algunos otros lugares, Putin es un déspota cruel. El apetito hegemónico mundial que ha exhibido desde que llegó al poder en el año 2000 es bien conocido. Toda esta verdad no eclipsa, sin embargo, el duro hecho de que Rusia no es la mayor amenaza del mundo. Ni siquiera está cerca. Ni siquiera ocupa un lejano segundo puesto. China es la gran amenaza.

Tanto si Rusia invade Ucrania como si no, el régimen de Putin ya ha demostrado su carácter imperialista. Invadió Georgia en 2008 y se anexionó Crimea en 2014. El argumento hitleriano de la protección étnica y el lebenscraum ("espacio vital") se ha incorporado a la praxis de la política exterior rusa bajo el liderazgo del antiguo teniente coronel del KGB (Putin). Sin duda, este patrón de comportamiento es inquietante, desafía la estabilidad mundial y justifica una revisión de los compromisos militares y económicos del mundo libre.

Medida en cifras absolutas del Producto Interno Bruto (PIB), la economía rusa es del tamaño de la italiana. Si se considera per cápita, Italia es mucho más potente. Aunque el arsenal nuclear de Moscú no es algo que deba minimizarse, China, Pakistán, Israel, India, Francia, Reino Unido y Estados Unidos también lo poseen. Una reflexión sobre la evidencia empírica guiará nuestra atención hacia el régimen comunista chino, que ha hecho una mayor incursión en la desestabilización y subversión de Occidente.

Cuando Mao Tse-tung llevó el comunismo chino al poder en 1949, anunció el inicio de un maratón de 100 años. La hazaña establecida por el asesino de masas más notorio del mundo fue nada menos que la dominación hegemónica. Esta política ha sido continuada por todos sus sucesores. A través de una guerra asimétrica facilitada por las maniobras económicas concedidas a la dictadura comunista por Occidente, China ha conseguido una presencia impresionante dentro de los pasillos del poder de todas las democracias del planeta. Ni siquiera los soviéticos lograron esto.

Sin el uso de tropas o tanques, China ha invadido y ocupado reinos estratégicos dentro de Estados Unidos y Europa, los arsenales del orden democrático mundial. Esta "ocupación" se ejerce a través de una influencia extrema y de esquemas de trazado de políticas que están orientados a avanzar en el propósito general de hacer del comunismo chino la potencia global dominante. Los ejemplos abundan.

La mayor parte de Silicon Valley está en el bolsillo del régimen marxista-leninista-maoísta. Google y Microsoft, por ejemplo, están fuertemente enredados en asociaciones, no solo con operativos del Partido Comunista chino (PCCh), sino con miembros del PCCh que forman parte del Ejército Popular de Liberación (EPL). Peter Schweizer en un nuevo libro, Red-Handed: How American Elites Get Rich Helping China Win, ofrece abundantes pruebas de la relación perjudicial entre los más ricos y bien conectados de Estados Unidos y el comunismo chino.

No es únicamente la oligarquía de las Big Tech la que está engranada intrínsecamente con la maquinaria mercantilista socialista de Pekín. Wall Street no se ha quedado atrás. Bridgewater Associates, una de las empresas de gestión de activos más importantes de Estados Unidos, está profundamente entrelazada con el PCCh. Su fundador, Ray Dalio, se ha convertido en un apologista de la China comunista. Alabando al régimen chino por su capacidad y modelo "redistributivo", Dalio espera que Estados Unidos adapte una versión americana del modelo chino. "Estados Unidos, a través de su propio sistema", nos dice, "necesita más prosperidad común, y muchos otros países también". El Grupo Blackstone, uno de los principales actores del mercado de fondos de cobertura, es también una poderosa entidad que controla miles de millones de dólares de inversión y es extremadamente pro-PCCh.

Hollywood, los deportes profesionales y los políticos de Washington defienden los intereses de los comunistas chinos porque el PCCh y las irresponsables políticas económicas nacionales han hecho millonarios a muchos de ellos (algunos multimillonarios). La Unión Soviética, a pesar de la elaborada red de sus capacidades de inteligencia, de la que Putin formaba parte, nunca adquirió tanta influencia sobre Estados Unidos. Su éxito fue periférico si se compara con el de China.

Los minerales de tierras raras, metales de vital importancia para la producción y el mantenimiento de la alta tecnología, están controlados en un 85 % por la dictadura marxista, según el Centro de Estudios Estratégicos e Internacionales. Esto es muy peligroso. La dependencia mundial de los productos manufacturados chinos para el abastecimiento doméstico ha fomentado, además de una malsana dependencia de la tiranía china, también ha dado vida a un industrioso ejército de cabilderos que trabaja diariamente en las capitales de las democracias del planeta, haciendo la puja por el PCCh.

Si introducimos en la ecuación el papel neocolonialista que ha adquirido China a través de su Iniciativa de Ruta y Cinturón, una licencia para robar y ocupar países, la noción de lo que significa una "invasión" adquiere un nuevo significado. Putin es un matón y su régimen es autocrático. Pero, no nos equivoquemos, la China comunista lanzó una invasión para aplastar a Occidente en la década de 1970 (por invitación de Occidente). Es esta ofensiva la que debe recibir la prioridad de Occidente.

10. A 33 años de la masacre de la plaza de tiananmén: un hecho trágico que todavía nos impacta hoy

Las siete semanas de manifestaciones masivas, que pusieron a prueba la elasticidad del "modelo chino" en el reclamo popular de libertad y democracia en China, terminaron en una carnicería.

Este año se cumple el 33.º aniversario de la Masacre de la Plaza de Tiananmén. Es valioso destacar, no solamente su importancia como acontecimiento histórico trágico, sino entender que los resultados extraídos de ese domingo seminal de 1989, todavía nos impactan hoy.

Irónicamente, en Polonia ese mismo día, la primera ronda de elecciones semilibres dio a "Solidaridad", el movimiento de oposición polaco, su primera victoria legislativa. Este acontecimiento desencadenó una serie de manifestaciones anticomunistas que contribuyeron a su liberación y a la caída del comunismo soviético. Mientras tanto, en China, los atroces actos cometidos por su régimen comunista gobernante en la plaza más grande del mundo, consolidaron el infame "modelo chino" y posiblemente la dictadura más perfecta del mundo.

Durante siete semanas, entre abril y junio de aquel paradigmático año, cientos de miles de chinos llevaron a cabo una sucesión de protestas masivas en más de cuatrocientas ciudades del país, reclamando democracia y libertad. La muerte de Hu Yaobang, reformista y antiguo secretario general del Partido Comunista chino (PCCh) (1982-1987), que pretendía extender el proceso de liberalización más allá de la esfera económica, fue la chispa que encendió las manifestaciones a nivel nacional. Zhao Ziyang, tercer primer ministro del régimen marxista chino (1980-1987) y secretario general del PCCh que sucedió a Yaobang (1987-1989), compartía el interés de su predecesor por ampliar los espacios de libertad al ámbito político y civil. El apoyo de Ziyang a las protestas prodemocráticas que condujeron y culminaron en la atrocidad de la Plaza de Tiananmén, en la que murieron más de tres mil personas y otras diez mil resultaron heridas (solamente en esa plaza de Pekín), le llevó a ser destituido, detenido y condenado a quince años de prisión.

Ambos, Yaobang y Ziyang, fueron arquitectos clave del "modelo chino" o "socialismo con características chinas", como lo calificó el dictador supremo de China de 1978 a 1992, Deng Xiaoping. Este sistema sociopolítico híbrido pretendía conservar el formato estatal leninista, al tiempo que operaba una economía mercantilista planificada y dirigida por el régimen, con fuertes atisbos de capitalismo de Estado. Su propósito, como argumentó Deng con tanta eficacia, era salvar el socialismo en China. Vladimir Lenin y su Nueva Política Económica (NEP) fueron constantemente mencionados en sus diatribas ante el Tercer Pleno del 11° Comité Central en 1978.

Deng fue categórico al afirmar que el comunismo puede coexistir estructuralmente en un régimen totalitario marxista-leninista que contenía un esquema comercial que utilizaba un sistema de mercado global, sin comprometerse con el Estado de derecho, los derechos de propiedad, ni mucho menos, las libertades políticas y civiles.

El nacionalsocialismo en Alemania, y no únicamente la NEP de Lenin, fueron referencias históricas precisas. Estos ejemplos de lo que el capitalismo de Estado puede hacer por los regímenes socialistas totalitarios (sí, el nazismo es una variante del socialismo) fueron fuertes agentes de persuasión de que la China post-Mao estaba preparada para este experimento de modernización. Deng se dio cuenta astutamente de ello y trazó un curso que no incluía una transición democrática. Políticos como, Yaobang y Ziyang, y millones de ciudadanos chinos creyeron que lo económico podía transformar lo político. Su error fue diagnosticar erróneamente la dictadura de China.

La teoría de la modernización nos dice que la expansión económica amplifica la presión social que reclama la democracia y que, finalmente, se abre paso en el círculo político autocrático. Esto es cierto para los regímenes no democráticos de tipo autoritario (Taiwán, Corea del Sur, Grecia, Brasil, España, etc.). Las dictaduras comunistas y fascistas son totalitarias. Estas variantes dictatoriales de dominación total, en las que los componentes económicos, políticos, militares y sociales están todos bajo el control de un régimen dictatorial fusionado de Estado y partido, nunca son receptivas a la fortificación económica (modernización) y a la democratización.

Las siete semanas de manifestaciones masivas, que pusieron a prueba la elasticidad del "modelo chino" en el reclamo popular de libertad y democracia en China, terminaron en una carnicería. Lo que se perdió para siempre no fue solo la vida de miles de los mejores y más brillantes chinos, sino también la creencia de que las dictaduras comunistas pueden ser persuadidas mediante el compromiso económico y diplomático con Occidente para evolucionar hacia regímenes democráticos, también saltó en pedazos, como muchos de los manifestantes ese día.

La próxima vez que una persona bienintencionada defienda el compromiso con los regímenes socialistas como medio para lograr las libertades políticas y civiles, recuérdele el episodio en la Plaza de Tiananmén el 4 de junio de 1989.

11. Faucigate: El encubrimiento del virus de China

Durante treinta y siete años, Anthony Fauci ha dirigido el Instituto Nacional de Alergias y Enfermedades Infecciosas (NIAID, por sus siglas en inglés). Actuando como el comandante en jefe de los inmunólogos de la nación, la cara más visible de la respuesta de Estados Unidos a la pandemia del COVID-19, ha sido objeto de críticas.

La demanda de la Ley de Libertad de Información presentada por Buzzfeed y The Washington Post (WaPo) para obtener acceso a los correos electrónicos de Fauci ha arrojado mucha luz sobre información presentada y/o sospechada hace tiempo, pero amordazada por los medios corporativos y las Big Tech.

El encubrimiento del virus de China

Pese a las dudosas sospechas levantadas en cuanto a los motivos que llevaron a un medio de comunicación de izquierda (Buzzfeed) a buscar y hacer públicos más de 3,200 correos electrónicos y a una influyente publicación de enfoque hacia ese misma tendencia (WaPo) a hacer lo mismo con 900, dado el papel que estas plataformas jugaron en la aceptación y fortificación de la propia narrativa que las comunicaciones electrónicas de Fauci entre enero y junio de 2020 del primero y entre marzo y abril del segundo, ahora contradicen es sorprendente.

A pesar de la racionalidad o el propósito detrás de la hazaña de hacer pública esta información seminal sobre la naturaleza de la pandemia de COVID-19 y la respuesta de los Estados Unidos, tal y como fue suscrita por el Centro para el Control de Enfermedades, que descansó, en un grado enorme, en las evaluaciones de Fauci, quien efectivamente se convirtió en el gurú del virus en el país, su importancia es primordial.

"El meticuloso camino de Fauci para evitar cualquier información que pudiera vincular concretamente al Instituto de Virología de Wuhan (WIV), dirigido por el régimen comunista chino, da crédito a su esfuerzo calibrado por ocultar el papel de Pekín, abierta o tácitamente (en el mejor de los casos), en este crimen contra la humanidad".

Las pruebas excesivamente abundantes que señalaban el papel de la China comunista en la fabricación de este virus contagioso, haciendo extraordinariamente poco para impedir su exportación al mundo libre, ejerciendo su control hegemónico sobre la Organización Mundial de la Salud (OMS) para falsificar la información disponible, y lanzando después una gran campaña de encubrimiento con gobiernos extranjeros, capital woke y organizaciones de fachada relacionadas con la salud, para paliar su grave culpabilidad en la muerte de más de 3,740,000 personas en todo el mundo y casi 600,000 en Estados Unidos.

Las pruebas que aportan los correos electrónicos de Fauci tienen una amplia base. Las afirmaciones de fuentes acreditadas, como la de Kristian G. Andersen, profesor e investigador principal del Departamento de Inmunología y Microbiología de Scripps Research, que le aconsejaba en un correo electrónico del 31 de enero que la composición del virus era "inconsistente" con la del desarrollo viral natural, no inquietaron al máximo experto en salud pública del país.

Un graduado de la Facultad de Medicina de Cornell, especializado en dermatología, en una comunicación electrónica del 21 de febrero sugirió que el virus parece tener cualidades de manipulación artificial. En ambos casos (no fueron los únicos) en los que los expertos señalaron factores artificiales que ofrecían hipótesis convincentes que vinculaban al régimen marxista directamente en la fabricación del virus, fue ignorado por Fauci. El primer ejemplo citado recibió un tibio "gracias" y el segundo fue desviado a un subordinado.

El meticuloso camino de Fauci para evitar cualquier información que pudiera vincular concretamente al Instituto de Virología de Wuhan (WIV), dirigido por el régimen comunista chino, da crédito a su esfuerzo calibrado por ocultar el papel de Pekín, abierta o tácitamente (en el mejor de los casos), en este crimen contra la humanidad. El físico Erik A. Nilsen, en un correo electrónico de marzo de 2020, señaló los datos fraudulentos que China estaba vendiendo y su papel de activista al permitir que los infectados "esparcieran" el virus por todo el mundo. Fauci reenvió la comunicación a otra persona, afirmando que era "demasiado larga para que la leyera".

Entre los problemas que perseguirán a quien los medios de comunicación han convertido en una "celebridad" de la salud pública, estarán los testimonios potencialmente falsos que dio ante las audiencias del Senado en mayo sobre su participación en la investigación de "ganancia de función", que es la manipulación de la experimentación viral con mecanismos artificiales, y los vínculos económicos entre el NIAID, encabezado por Fauci, y el WIV comunista chino. Las declaraciones y afirmaciones dentro de la gran masa de comunicaciones anteriormente privilegiadas de Fauci, nos permite saber que sus declaraciones juradas pueden colocarlas en calidad de perjurio

"La pandemia sirvió al propósito subversivo de una orquestación de revisión electoral masiva, en reacción a los riesgos percibidos del voto en persona debido a la mortal importación china, que funcionó a favor de la izquierda. Tal vez piensen que Fauci es ahora prescindible".

Los líderes republicanos en Washington se están preparando para enfrentar este aparente encubrimiento. El representante Steve Scalise (R-La), el líder de la minoría republicana, tuiteó con vehemencia el 2 de junio: "Los correos electrónicos de Fauci muestran que sospechaba a principios del año pasado que COVID-19 podría filtrarse desde el laboratorio de Wuhan, pero se mantuvo en silencio. Esto es un gran encubrimiento. Necesitamos una investigación completa del Congreso sobre los orígenes de COVID-19". El senador Paul Rand (R-Ky), un médico que ha desafiado la falsa ortodoxia de Fauci, declaró en un tuit: "Te lo dije", y pidió su despido #FireFauci.

La administración Trump declaró firmemente todo el tiempo que este virus, el Virus de Wuhan a/k/n Virus del Partido Comunista chino (Virus CCP), fue fabricado por el Estado en China y el hecho de que se convirtiera en una exportación, también fue estructurado políticamente por Beijing. Ya en febrero de 2020 funcionarios electos como el senador de Arkansas, Tom Cotton argumentaron que la teoría del mercado húmedo de murciélagos era absurda.

Dado que el objetivo primordial de los medios de comunicación corporativos, de las Big Tech y del capital woke era negar a Trump una victoria en la reelección presidencial de 2020, la complicidad con China, su apoderado la OMS, y toda la expresión pública fue impactada para encajar la crónica de que todas las muertes de la pandemia eran culpa de Trump.

Además, la pandemia sirvió al propósito subversivo de una orquestación de revisión electoral masiva, en reacción a los riesgos percibidos del voto en persona debido a la mortal importación china, que funcionó a favor de la izquierda. Tal vez piensen que Fauci es ahora prescindible.

12. Deporte y política

Asistieron un poco más de cuatro millones de personas. Los anfitriones edificaron deslumbrantes estadios dando cupo a toda capacidad, a los enternecidos espectadores provenientes de todo el globo. La cúpula gobernante, elegida democráticamente, tampoco se perdió un evento. El mundo (al menos la mayor parte) quedó seducido y, adicionalmente, quedaron convencidos de que cualquier régimen capaz de ambientar un magno-evento deportivo como los Juegos Olímpicos, de manera tan glamorosa, con exquisita organización y seguridad no eran meritorios de alegaciones hechas por algunos de que era un régimen peligroso y malo. Aparte, ¿cuán inicuo podía ser un sistema que tenía un promedio de crecimiento económico del 15% anual, constructor de las mejores carreteras del momento, una potencia en la educación, las artes y el deporte, ganando, justo en la misma Olimpiada, la mayor cantidad de medallas? Sin embargo, los XI Juegos Olímpicos sirvieron cabalmente a los nefastos intereses del nazismo que, causalmente tanto dolor inflijo al planeta. Ahora, 62 años después, el comunismo chino en Pekín, o Beijing (como sus opresores lo han renombrado), acaban de trapacear a la humanidad nuevamente.

Los Juegos Olímpicos (sus organizadores, patrocinadores e intereses concernientes) insistiendo en que sus encuentros deportivos transnacionales cada 4 años son "apolíticos", han demostrado una olímpica ambivalencia moral con la politización del deporte que han practicado. Lo peor es el relativismo ético que han instaurado. Por supuesto que más de un coro sobrará para replicar con el desgastado eslogan de que "el deporte (o la música o arte) no tiene nada que ver con la política". El problema con esa argumentación es que, para poder ser convincente, presupone del receptor una amplía ignorancia de la política (particularmente en sistemas dictatoriales), competencias deportivas internacionales o ambas. Apela a sentimentalismos equívocos que buscan desprender al pensante de un serio análisis. En el nombre de la pasión por el deporte, busca embriagar al humano desuniéndolo de la ética virtuosa de sancionar lo injusto y rechazar lo inaceptable. Esterilizar la capacidad para recriminar lo abominable no es su único requerimiento. Obliga también a la nubosidad de facultades de raciocinio, concurrentes con lo sucedido.

Si existe un evento cultural abarrotado de política, son las Olimpiadas. Es insultante que te quieran convencer de lo contrario. Antropológicamente, desde su concepción con los antiguos griegos hace más de 700 años antes de Cristo, el evento no se puede desligar de la política. El rescatador de los juegos modernos, Pierre Baron de Coubertin, precisamente reaccionando a un evento político, la Guerra Franco-Prusiana, concordó el Comité Olímpico Internacional en 1894. El pedagogo e historiador francés deseó, por medio del deporte, apaciguar diferencias que antes se resolvieron en el campo de batalla. Sueño admirable y colmado de política.

Himnos y banderas son sólo algunos de los ejemplos que, desde la superficie, nos recuerda la politización inherente a estos eventos. Visto exclusivamente así, nada tendría de malo. Al contrario, hermoso es la efervescencia del saludable nacionalismo que eventos como estos pudieran ser capaces de producir. Unirían pueblos, regiones, hasta pudieran allanar asperezas entre potencias rivales. Todo eso lo pudiera lograr competencias deportivas internacionales. Todo eso pudiera haber sido lo que Coubertin soñó. Pero el idílico empeño de aquel comité resultó una quimera. Lo que descarriló la intención del proyecto inicial: una hermandad de pueblos compitiendo libremente en un encuentro deportivo con reglas similares; no fue la política en sí, contemplada de modo aislada.

El maleante ha sido la tolerancia de una política divorciada del pudor moral que filtra y excluye actividades políticas inadmisibles y la selectividad ideológica que ha determinado su administración.

Las Olimpiadas reconocen, de facto, territorios políticos físicos, no naciones. No hace distinción entre regímenes sociopolíticos. Tampoco lo hace con el ámbito circunstancial que rodea los atletas participantes. Les otorga a los comités de los respectivos países, una amplia e igualitaria discreción para estructurar su formato deportivo. O sea, un reconocimiento de "igualdad", un level playing field (terreno equitativo para jugar). Con eso argumentan que no practican la política. Sin embargo, detrás de este "entendimiento" de los organizadores de los Juegos Olímpicos, está latente, en primer lugar, la doble moral ejercida y, en segundo (y peor aún), la institucionalización de una fehaciente y patética tradición de encubrir crímenes de lesa humanidad, robustecer regímenes despóticos y promover la explotación deportiva. En efecto, practicando una política cultural que sirve sólo a las dictaduras más politizadas del mundo y a sus ambiciones.

Para evitar la repulsión del mundo democrático y atraer favorable atención, estos magno-eventos deportivos transnacionales, necesitan instituir una falsa equivalencia moral y circunstancial. Pincelan una imagen del país anfitrión, cuando son, como en el caso de las Olimpiadas del 2008 en China comunista, garrafalmente distorsionados. Lo que se presenta es incompleto y completamente inconsistente con la realidad. Ausencias de libertades básicas, de garantías civiles, de jurisprudencia autónoma se aguarda con el mismo silencio lamentable con que se oculta la abundante represión, la censura oficial, el genocidio en territorios ocupados como el Tíbet, los encarcelamientos en masa, desalojos arbitrarios, todas actitudes que el régimen chino comunista acciona incesantemente.

Con 59 años de despotismo comunista en funcionamiento en China, igual que con la incipiente dictadura alemana de 1936, la inmoralidad de la barbarie encubierta queda embozada. La credibilidad que recibe cualquier régimen al ser anfitrión de un evento como las Olimpiadas, es un efectivo mecanismo para hacer desaparecer atrocidades, aun cuando están frescas. Le concede una inmerecida respetabilidad en la comunidad de naciones. Le obsequia un rostro "humano". Hace invisibles sus víctimas. Y en el caso de China roja, son muchas. Más de 60 millones según fuentes respetables. Algunos incrédulos o apologistas de la dictadura comunista de Pekín (muchos con enlaces comerciales en el gigante asiático), han querido justificar el juicio de los organizadores olímpicos con el guión de que la China de Deng y Jintao, no es la misma que la de Mao.

Cuando en 1978, Deng Xiaoping instituyó en la República Popular China una paulatina liberalización selectiva de la centralizada economía china, la llamó "socialismo con características chinas". Para los que quieren leer sus pronunciamientos y el razonamiento del astuto comunista (publicación con el mismo título, cortesía del Partido Comunista Chino), Deng no abandonaba los objetivos del marxismo-leninismo. Sólo la metodología de cómo, de forma más efectiva, asistir a la "lucha de clases" y llegar al nirvana comunista. Lo cierto es que Deng no fue del todo original. El mismo Lenin, con su Nueva Política Económica, ya había reconfigurado las doctrinas económicas del marxismo 57 años antes, para enfrentar la ineficiencia bolchevique (Stalin luego las rescindió parcialmente). En China comunista los "cambios" que redactó Deng han consistido en ajustes económicos con la retención del estado político marxista-leninista. O sea, una dictadura represiva unipartidista e ideológica, con economía mercantilista. ¡Y por favor, no digan que lo que hay en China es capitalismo! Bajo ningún concepto lo es. Su práctica económica procede del mercantilismo. La simple empleomanía del mercado y sus instrumentos, el intercambio comercial, las inversiones extranjeras, y una tolerada propiedad privada selectiva y concesionada no equivale al capitalismo.

Los que contaron con que la modernización material en China traería con ella la democracia, siguen esperando. Brilla por su ausencia (y creo que no deberían de estar muy esperanzados). Que la China de hoy sea diferente a la de Mao, es innegable. Como no es menos cierto que los EE. UU. que dejó Reagan es diferente a lo que fue bajo Carter o Nixon (hoy es mucho más próspero). Pero la analogía se fisura en la cuestión de las libertades civiles y políticas. En la tierra de Lincoln eso ha sido una constante sin reparar en quienes gobiernan. En China, ese no ha sido el caso. China está más materialmente abundante, sí. Pero no es ni más libre ni más democrática. El fortalecimiento de la economía en la República Popular China ha servido no solamente para proporcionar una mayor cantidad de bienes de consumo para los chinos en las ciudades principales (lo rural es otra cosa). La entidad que controla cada minúsculo aspecto de la vida, el Partido Comunista Chino, está hoy más fornido e institucionalizado que nunca. Eso incluye el reino de Mao. Si la excusa moral del Comité Internacional Olímpico para permitir que China comunista hospedara los juegos del 2008, es la misma fracasada premisa de que los avances materiales en China son (o serán) conducentes a un proceso democratizador o si eso la ha convertido en un lugar menos inhóspito éticamente, han errado de nuevo.

La dádiva de autorizar el alojamiento de un súper evento como las Olimpiadas dentro de territorio no-libre, no ha sido el único lapso inescrupuloso de sus organizadores. Cuando el Comité Internacional Olímpico rehúsa hacer diferenciación entre países cuyas estructuras sociopolíticas son absolutistas, fomenta la permanencia dictatorial, legitimando el régimen opresivo. Demuestran, adicionalmente, una tácita aprobación de la dictadura o una abismal incongruencia con los principios básicos de la competencia deportiva. El deporte requiere de libertad y de alternativas dentro de límites prudentes y establecidos para que se puedan equiparar. Un atleta, proveniente de un país donde se practica la democracia, representa exclusivamente a su nación (incluyendo la de la diáspora).

Como en una democracia hay alternativas y las libertades para escoger entre esas alternativas, en el nombre de la pluralidad los equipos democráticos visten el uniforme patrio, desvinculados completamente de consideraciones partidistas o ideológicas de ningún tipo. Hay una clara distinción entre culto a la "patria" y al régimen operante. En las democracias, partidos y políticos son un fenómeno dinámico, donde las instituciones civiles y estatales resguardan el ambiente para que individuos, en este caso los atletas, y sus conciudadanos puedan tener variantes criterios políticos y actuar sobre ellas sin repercusiones.

Ese no es el caso con los equipos que provienen de países no-democráticos, particularmente donde imperan esquemas totalitarios. Los atletas a los que las dictaduras socio-políticas permiten participar en eventos deportivos (nacionales o internacionales), van en representación, no de una nación per se, sino de un movimiento político que desde el poder opera un régimen dictatorial y, de acuerdo a su propia "legalidad", son convencionalmente la "nación". O sea, en el caso del país no-democrático y unipartidista, "nación" y "régimen" (o "revolución) son sinónimos. Este fenómeno, repito, está anclado en las respectivas "constituciones" de las dictaduras. No esconden su negativa de darles a sus ciudadanos (que incluye a los atletas) ninguna separación entre el sistema operante (movimiento/partido ideológico exclusivo), la patria y ellos (las masas). Quiéranlo o no, son hechos partícipes.

Al no existir la normal separación entre gobierno y país, los atletas que visten uniforme de un equipo que proviene del orbe donde impera un régimen absolutista, son convertidos, lamentable e injustamente, en representantes de una dictadura. Este engendro queda validado por la consistencia y vigorosidad con que cualquier régimen totalitario le niega la opción de participar en cualquier función deportiva (o cultural en general) a un no-integrado. La sumisión ideológica es un requerimiento. No es suficiente la capacidad deportiva. Las dictaduras tienen su propia "moral", esa que obliga al jugador a una clara identificación con el sistema. Esas son las reglas del juego en los regímenes absolutistas.

Uno de los artículos del Comité dice (entre otras cosas) que las Olimpiadas se "oponen" al abuso "político" del deporte o de los atletas. ¡Qué incongruencia moral! La hipocresía y desaprensiva actitud del Comité Olímpico Internacional se extiende en la doble moral que ha ejercido. Para citar sólo algunos ejemplos, los equipos de Sur África fueron, en 1972 y 1976, excluidos de participar por su política de apartheid racial. La antigua Rodesia (hoy Zambia y Zimbabwe), por razones similares, también fueron suprimidos en 1972. Muy bien. Sin embargo, los regímenes comunistas practican, despiadadamente y sin cesar, el apartheid clasista, político, religioso y racial (de facto). El Comité Internacional Olímpico, sin embargo, ha permanecido silente ante esta discriminatoria e inhumana práctica. La República China (más conocida como Taiwán) fue proscrita de los Juegos en 1976. Su renuencia a cambiar su nombre legal, bandera e himno le ganó esa distinción. Pudo volver en 1984. Pero sólo después de que las exigencias del Comité fueron aceptadas, se presentó la República China como "Taipei China" y con una bandera "especial". Y con rostro serio, los responsables administrativos de las Olimpiadas nos atestiguan que ellos no hacen política.

Lo más lamentable de todo esto es en lo que nos convierte estos eventos. La magna-audiencia que captan ocasiones televisivas como las Olimpiadas, en vez de servir el noble propósito de hacernos ciudadanos del mundo más sensitivo al sufrimiento ajeno, nos desensibiliza. Ahí en Pekín, a cuadras de donde la espectacularidad del deporte se vislumbraba y los aplausos saludaban a deportistas que tan arduamente se habían esforzado, un estado policiaco gestiona su inhumano control sobre la nación más populosa del mundo. Cerca de esos estadios, donde tantas hermosas medallas se repartieron, el genocidio contra el pueblo tibetano se continúa ordenando. Atletas que visten uniformes representando a naciones enteras, no se diferenciaron de los que son convertidos en vasallos de dictaduras políticas y simbolizan regímenes oprobiosos. ¿Cómo se permite que estos deportistas con la desdicha de venir de territorios no-libre, sean perseguidos y vigilado por fuerzas represivas políticas todo el tiempo? A veces, incluso, habiendo más agentes de represión que deportistas. Todo para evitar una expresión no autorizada o el escape hacia la libertad de atletas desesperados. Esta realidad, sin embargo, no se trasmite y se pretende ocultar. El Comité ha determinado que eso sería mezclar el deporte con la política. La elegante fachada no es singularmente coreografiada por los administradores de los Juegos. Tampoco se llevó a cabo sólo con la ayuda adicional de las dictaduras concernientes, cuyos esquemas doctrinales ha parecido, tradicionalmente, excitar a algunos influyentes miembros del Comité.

Ciertos comerciantes del mundo libre, demostrado una aguda ceguera y sordera moral, no dejaron de persuadirnos con sus anuncios y fanfarria extravagante, de que en la casa del opresor asiático todo andaba bien. Productores como la Coca Cola, General Electric, Kodak, McDonald´s, Omega, Johnson and Johnson, Visa y otros costearon el encuentro en China comunista, invirtiendo $866 millones. Prestaron su nombre y prestigio (aparte del dinero) para patrocinar un evento que se sabía que iba a generar (como lo ha hecho) millares de arrestos, pensando, erróneamente, que la maldad del sistema declararía una tregua, ya que habitaban sus calles innumerables extranjeros. Penosamente, la eterna mancha de la complicidad será el precio justiciero que esos patrocinadores pagarán.

Al final, el circo de los comunistas chinos terminó. En la Plaza de Tiananmén, el patético retrato de Mao con la fija mirada de una sádica Mona Lisa, continuará dejándole saber al mundo que en China, la dictadura del proletariado sigue en marcha. El Comité llevará sus competencias a otros lados y continuará su lamentable servicio dentro de su capacidad cultural, de abonar la preservación de dictaduras sanguinarias. Nosotros, como raza humana, hemos quedado más incivilizados gracias a estos Juegos. Vamos perdiendo la virtud de sentir repugnancia hacia poderes repugnantes. La indiferencia inunda la civilización libre cada vez más y el tacto de la inquietud moral parece esfumarse con mayor frecuencia.

Pudo haber sido distinto. Pero hace tiempo que los Juegos Olímpicos se descarriaron. Tal vez algún día las Olimpiadas recapacitarán. Ojalá. Tendrían que ser intolerantes con la explotación deportiva por parte de tiranías políticas e inflexibles en el condicionamiento de que las reglas del juego excluyan jugadas sucias de los gobernantes hacia los gobernados. Y eso no es cosa de juego. Deporte sin libertad es una mera manipulación atada a los caprichos de un tirano y su sistema.

Acerca del autor

Julio M. Shiling es politólogo, autor, conferencista, comentarista en los medios, columnista y director de los foros políticos y las publicaciones digitales Patria de Martí y The CubanAmerican Voice. Tiene una Maestría en Ciencias Políticas de la Universidad Internacional de la Florida (FIU) de Miami, Florida. Es miembro de The American Political Science Association ("La Asociación Estadounidense de Ciencias Políticas") y el PEN Club de Escritores Cubanos en el Exilio.

Es autor de catorce libros, incluyendo el muy aclamado *Dictaduras y sus paradigmas: ¿por qué algunas dictaduras se caen y otras no?* 3a ed. (2013, 2022), anteriormente una obra de dos tomos y ahora formateado en un solo libro. Su fluidez en inglés le ha permitido publicar sus obras en ese idioma también. Sus artículos y ensayos se han reproducido en decenas de publicaciones impresas y electrónicas en los Estados Unidos, América Latina y Europa. En capacidad de politólogo y comentarista en los medios, es un invitado frecuente en programas locales, nacionales e internacionales de televisión, la radio, pódcast y otras plataformas mediáticas.

Desde 2006, Julio M. Shiling dirige Patria de Martí. En 2020, inauguró The CubanAmerican Voice, un medio digital en inglés. Patria de Martí fue galardonada con el Premio Derechos Humanos Libertad 2015 por la Asociación por la Paz Continental (ASOPAZCO), una ONG española consagrada con la promoción de los derechos humanos en el mundo. Adicionalmente, en 2015, fue otorgado el reconocimiento Bandera Cubana en Boston, Massachusetts, en ocasión de la celebración del Grito de Yara. En 2017, recibió el Premio Herencia de Cuban Cultural Heritage, por su aporte a la cultura cubana. También ha fundado y dirigido empresas de seguros y servicios financieros.

Como conferencista participa regularmente en foros, conferencias, paneles de discusión y otros actos públicos. Además de eso, Patria de Martí auspicia "Simposios por un Mundo Libre", un ciclo de conferencias diseñadas para promover una mayor concienciación cívica con apego a la libertad y la democracia.

Nacido en La Habana, Cuba, a los seis años partió al exilio con su familia. Después de una breve estadía en Madrid, España, se trasladaron a los Estados Unidos estableciéndose en Union City y West New York, ambas ciudades en el estado de New Jersey. Unos años más tarde, se mudaron a Miami, Florida, donde reside actualmente.

www.ingramcontent.com/pod-product-compliance
Lightning Source LLC
Chambersburg PA
CBHW071028250726
48653CB00005B/1758